学ぶのが好きになる！

小学生のためのモンテッソーリ教育

あべようこ

河出書房新社

学ぶのが好きになる!

小学生のためのモンテッソーリ教育

はじめに

こんにちは！　0-12歳のモンテッソーリ教師のあべようこです。

みなさんは、モンテッソーリ教育に「小学校教育」があるのをご存じですか？

モンテッソーリ教育というと、日本では乳幼児教育をイメージする方が多いと思いますが、教育は乳幼児期で終わるものではありません。もちろん、その後も続きます。ですから、世界にはモンテッソーリの小学校がたくさんあるのです。

しかし日本では現在、小学生がモンテッソーリ教育を受けられる場所は、ほぼありません。

そこで私は、アメリカでモンテッソーリ教育の小学校教師のAMI（国際モンテッソーリ協会）公認資格を取得し、2022年5月、東京都世田谷区で、幼児と小学生が通えるモンテッソーリ教室「モンテッソーリ・ファーム」を始めました。

モンテッソーリ・ファームの小学生クラスでは、児童期に芽生える「なぜ？」「どうして？」「理由を知りたい！」という欲求を大切にして、子どもが自分で考えるのを、大人が手伝います。主体はあくまで子どもであり、大人はサポート役です。

なぜなら、子どもには、自分で自分を成長させる力が備わっているから。

そのことを発見したのが、モンテッソーリ教育の創始者である、イタリア人で医師のマリア・モンテッソーリ博士（１８７０－１９５２）です。

科学者でもあったモンテッソーリは、長年にわたって子どもを観察した結果、大人の役割は、子どもが自ら伸びようとするのを助けるために環境を整えることであり、適切な時期に適切なサポートをすることである、と考えました。

では、大人はどうやって、子どもの学びをサポートすればよいのでしょうか？

本書では、その点について、くわしくお伝えしていきます。

ちなみに、この本をお読みの方の中には、すでに乳幼児期のモンテッソーリ教育について学ばれた方も少なくないでしょう。

実は、「乳幼児期（0－6歳）」の子どもと、小学生である「児童期（6－12歳）」の子

どもが必要とするサポートは、かなり違います。なぜなら成長することで、子どもの「発達のニーズ」や「獲得したいもの」に大きな違いが出てくるからです。

大人がこの違いを知ると、児童期の子どもにとって、本当に必要なサポートができるようになります。そして、適切なサポートを得た子どもたちは、自らの興味に従って、ワクワクしながら、自分で学び始めるようになります。つまり、学ぶのが好きになるんです。

事実、モンテッソーリ・ファームで見ていても、適切なサポートを受けた子どもたちが、本当に興味があることに挑むときの集中力は、すさまじいものがあります。

まだ習っていない「万」の位の掛け算に黙々と取り組む子もいれば、ものすごく精巧な古生物の模型を集中してつくりあげる子がいたり。教師として、子どもたちの熱心な「お仕事」に、感動させられることもしょっちゅうです。ちなみにモンテッソーリ教育では、子どもがする活動を「自分自身をつくりあげるための尊いワーク＝お仕事」と呼びます。

子どもたちは、自らのワクワクに従い、たくさんの「お仕事」に集中して取り組む過程を経て、自分自身をつくりあげていきます。乳幼児期と同様、児童期でも「自分で選ぶ→集中して繰り返す→達成感をもってやめる」という活動のサイクルは、自分自身をつくりながら、多くの知識を身につけて、世界を知っていくために欠かせないプロセスです。

けれど、そうしたモンテッソーリの小学校教育について、日本ではまだ知られておらず、せっかくモンテッソーリ教育に興味を持ってくれたママ・パパも、乳幼児期のフォローのみで終わってしまうのが実情ですが、それはすごくもったいないと感じます。

そこで本書では、モンテッソーリが伝える「小学生の子どもの特徴」とともに、日本ではほとんど知られていないモンテッソーリ小学校の教育内容を紹介します。また、モンテッソーリの小学校教育機関に通わせられなくてもおうちでできることのヒントもお伝えします。児童期の子どもの特徴を知って接していただくことで、きっと子どもとの日々が変わるはずです。

本書を通じて、私たちの大切な子どもの〝学びが好きな姿勢〟や〝自分らしくイキイキと生き抜く力〟を開花させるお手伝いができたら、とてもうれしいです。

2023年10月　あべようこ

学ぶのが好きになる!
小学生のためのモンテッソーリ教育
目次

第2部

小学生のための、モンテッソーリ教育

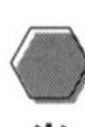

モンテッソーリ教育による、「小学生の子ども」の見方

大切なのは、「大人」が世界を愛すること！

身近な大人の理解とワクワクが、子どもの意欲を呼び起こします！

改めまして、この本を手にとっていただき、ありがとうございます。

モンテッソーリ教育に興味をお持ちの皆さんはすでにご存じだと思いますが、モンテッソーリ教育の真髄は、大人が教え込む教育ではなく、「子どもによる自己教育」です。

そのため、われわれ大人は、子どもの成長を理解してサポートすることや、学びやすい環境を整えることはできますが、子どもを学び好きに変えることができるのは子ども自身だけということになります。

だとすれば、小学生のお子さんを持つママやパパは何をすればよいのでしょう？

親御さんの中には、「モンテッソーリ教育といえば、教具。だから、これらの使い方（提供方法）を学ぶことが大切」と考える方もいるかもしれません。

しかし、もっと大切なのは次の3つ。それは、

①小学生（児童期）の子どもの特徴を知り、理解すること
②モンテッソーリ教育で小学生が学ぶ内容・目的の概要を知ること
③子どもに学びを好きになってもらいたければ、まず、大人が私たちを取り巻く世界を好きになる努力をする必要がある理由を知ること

です。

マリア・モンテッソーリは、「小学校の先生は、子どもを愛するだけでは足りない」と言いました。この言葉を受けて、モンテッソーリ小学校教師養成トレーナーの第一人者、イタリアのバイバ・グラッチーニ先生は次のようにおっしゃっています。

「モンテッソーリの小学校の先生は、子どもを愛するのと同じように、世界を愛さなくてはいけないのです！　なぜなら小学生たちは世界について、自ら学びたいし、知りたいと思っています。物事がどんなふうに働いていくのか、理解したいと思っているのです。幼児期の子どもの持つ質問は『(これは）何？』でした。一方、小学生は『なぜ？』『どうやって？』という疑問を持つようになります。例えば、『昼と夜ってなぜあるの？』『季節ってなぜあるの？』『雨や風や雪の違いは、どうやってできるの？』このような疑問をたくさん持ちます。ですから、モンテッソーリの小学校の先生は、このようなことすべてに興味を持っていなくてはいけません。先生が興味を持たなかったら、どうやって子どもが世界について学ぶことを助けられるでしょうか」（モンテッソーリ・ポータルサイト「イデー・モンテッソーリ」インタビュー記事より）

ママとパパは先生ではありませんが、子どもの一番近くにいる存在です。そんな親が世界に興味を持つことで、子どもの疑問に共に興味を持ち、一緒に調べたいと思えるようになるかもしれません。こうして大人が一緒に楽しんでくれることで、子どもの学習意欲が高まることはきっとあると思います。

あるいは、大人が自分の興味あることについて学び、「世の中には、こんなに面白いことがあるんだ！」とワクワクしていると、そのワクワクが子どもに伝染して、「面白そう！自分も知りたい！」と好奇心に火がつくこともあります。つまり、まずはわれわれ大人が、世の中のあらゆることに興味を持って、知ることを楽しむことが大切なのです。

興味を持つ内容は、どんなことでもかまいません。山登りが好きな人なら気になる山についで調べるでもいいし、大河ドラマが好きなら登場人物や時代背景について調べてもいいと思います。お散歩中に目に付いた草花や虫を調べるのもステキです。そうして学んだ中で、自分が「何これ、面白い！」「え、こんなこと知らなかった！」とワクワクしたことを、ぜひお子さんにシェアしてあげてください。

因果関係を強く知りたがる児童期の子どもに、大人が「ワクワクの種」をたくさんプレゼントしてあげられれば、蒔いた種のうちのいくつかが、やがて発芽するかもしれません。

というわけでここから、皆さんを、小学生のためのモンテッソーリ教育の世界にお連れします。

「小学生の子どもって、どんな特徴があるんだろう？」

「どんなタイミングで、どんな話をしてあげると、小学生の子どもの興味を掻き立てることができるのかな？」

そうした点を、ワクワクしながら読んでいただけるようにお伝えしていきます！

児童期の小学生には、どんな特徴があるの？

子どもの発達には、4つの段階がある

第1部では、「小学生」について、学んでいきましょう。小学生ならではの特徴を、大人が知っておくことで、上手なサポートができるようになるからです。

モンテッソーリは子どもを観察して、子どもには自分で自分を育てる「自己教育力」があること、そして、子どもの発達には4つの段階があることを見出しました。

その段階とは、①「乳幼児期」、②「児童期」、③「思春期」、④「青年期」です。

それぞれの段階に、その年代特有の特徴があります。

それぞれの世代に適したやり方で、大人が学びをサポートするために、欧米には、モンテッソーリ教育の幼稚園や小学校を始め、中学校以上の教育機関もあります。

「子どもの発達の4段階」

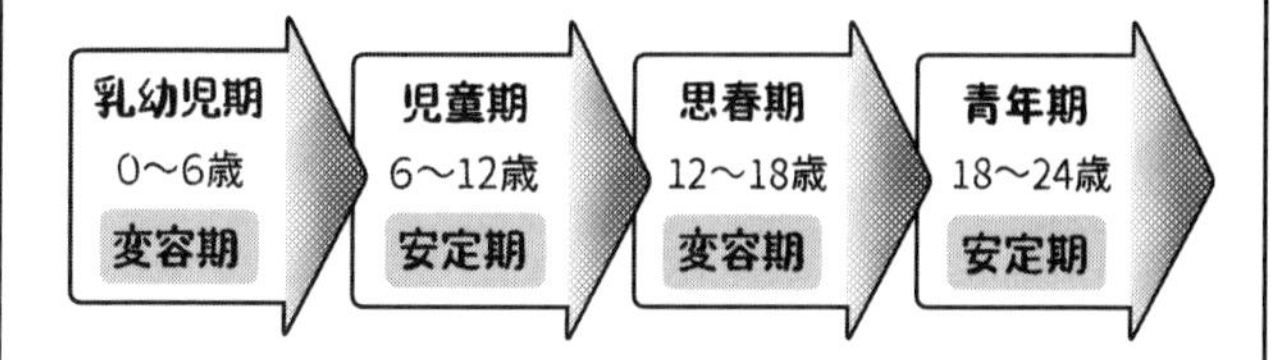

モンテッソーリは、人間は自然のプログラムにより、0~24歳にかけて、4つの段階を経て成長していくと考えました。

①ダイナミックに成長する変容期である「乳幼児期」

②ダイナミックな成長が比較的落ち着き、心身ともに安定する「児童期」

③第二次成長期でホルモンバランスが変化。心身ともに不安定な「思春期」

④再び成長が落ち着き、人間として完成に向かう「青年期」

小学生は「児童期」に相当します。第1段階、第3段階ほど、体やホルモンバランスが大きく変動しない安定した時期なので、落ち着いて、あらゆることを学ぶのに適している時期です。

小学生は、発達の4段階のうち、②「児童期」にいます。

その特徴は、①「乳幼児期」の子どもと比べてみるとわかりやすいので、並べてみます。

	乳幼児期（0-6歳）	児童期（6-12歳）
魂の叫び	「自分でするのを、手伝ってね！」	「自分で考えられるように、手伝ってね！」
心理的特徴 ❶	何事も苦労なく身につけられる「吸収する心」がある	「推論する心」が芽生え、論理的に考え「なぜ」を知りたがる
心理的特徴 ❷	感覚器官や運動器官を獲得する大切な時期で、「感覚」「運動」「秩序」「言語」などに関する敏感期がある	敏感期は徐々になくなるが、まだ感覚的な学びを基礎にものごとを理解し、徐々に抽象化して学ぶようになる

❸	自分の生まれた場所の文化に適応する時期。身の回りにある本物に触れ、現実を知ることで満足する	文化を幅広く獲得する時期。想像力が豊かになり、目の前にないものも思い描けるようになる
❹	同じ動作を繰り返したがる（運動の洗練や獲得のため）	バリエーションを持った繰り返しを好む（想像して工夫したい）
❺	目に見える秩序（いつもと同じ）が大事	頭の中の秩序（道徳心・正義感）が大事
❻	自己をつくりあげる時期で、個別活動が中心	友だちとの関わりを求め、グループ活動が中心
❼	近い大人（親や先生等）との愛着を形成	誰かにあこがれ、ヒーローを崇拝する
口癖	●「これ何？」 ●「自分でやりたい！ 一人でする！」	●「なんで？ どうして？」 ●「不公平だ！ ずるい！」

家族から離れ、クールになる児童期

では改めて、表の中から、特徴的な点について見ていきましょう。

まず、「乳幼児期」と「児童期」の子どもの違いでわかりやすいのが、**児童期は親から離れていく時期**ということです。なぜなら、**児童期の子どもには、家族から離れて、お友だちとグループで過ごしたい、という気持ちが芽生える**から。個人差はありますが同性のお友だちを好むことも多くなります。

幼稚園児の頃は「ママ！」「パパ！」と後をくっついてまわっていた子が、小学生になったとたんに、家族より、お友だちと遊びたがるようになった。親の後追いをしなくなった。以前ならお見送りのときは、いつまでも親のほうを見てぐずっていたのに、今では「行ってくるね！」と言ったきり、こちらを振り返りもしない……。わかります、親としてはちょっぴりさみしいですよね。外で手をつなごうとしたら振りほどかれて、さっさと歩いて行かれた、なんて経験もするかもしれません。

でも、こうしてどんどん**淡々としてクールになっていく**のも、児童期の特徴のひとつ。

他にも、道徳心が発達することで、**正義感が強くなって、「不公平だ！ ずるい！」な**

どと言うようになるのも特徴です。しょっちゅう言われると、親としてもちょっと疲れてしまいますが、「これも、児童期の子どもの特徴なんだ」と知ると、なんだかホッとしますよね。

想像力や、抽象化する力が育つ

児童期の更なる特徴として、「**想像力や、抽象化する力が育つ**」という点があります。

抽象化とは、複数のものごとに共通する〝本質〟を抜き出すこと。

例えば幼児は、大人に教えられた通り「アヒル」「鳥さん」と名前を覚えるだけですが、児童期に入って抽象化する力が育つと、「クチバシがあって、羽があるから……アヒルは犬でも猫でもなく〝鳥〟なんだ！」と考えられるようになります。これまでの経験から、鳥の共通点である〝本質〟を抜き出せるようになるんです。

これができるようになると、幼児の頃のように**具体物を見たり触ったりしなくても、自分の頭の中だけで、さまざまなことを処理できる**ようになります。「鳥って、だいたいこんな生き物だよね」と実物や写真を見なくても想像ができるし、実際にリンゴを持ってきて「1個、2個……」とやらなくてもそれ以上の数を想像できるようになります。抽象化力や想像力を駆使することで、最終的には、紙と鉛筆だけで計算できるようにもなっていきます。

「推論する心」が芽生え、論理的に考える

抽象化力や想像力が育つと、ものごとの背景を**「推論する心」も育ってきます。**

それ以前の乳幼児期の頃、特徴的なのは「吸収する心」でした。「吸収する心」とは、見たもの、聞いたものを、そのままコピーする能力のこと。この能力のおかげで、身近な人の言葉やしぐさを、まるで写真に撮るように、そっくりそのまま学び取れます。0-6歳の乳幼児期はこの能力が強いため、生まれ育った場所の言葉や文化、身近な人の動きなどを、たちどころに身につけ、生まれてきた世界に適応することができました。

しかし、6歳前後から、この能力は徐々に消えてゆき、「推論する心」が芽生えてきます。抽象化力や想像力の高まりとともに、ものごとの因果関係を推測しようとする心が育つのです。子どもの論理的思考が強くなる時期なのです。

このタイミングで、**子どもの質問が「何？」から「なぜ？」に変化します。**

それまではリンゴを見て「これ何？」だった質問が、「なぜリンゴは秋になると赤くなるの？」と因果関係を問うようになるのです。

あなたもきっとお子さんに立て続けに「なぜ？」「どうして？」と質問されて、タジタジになったことがありますよね。実はこのとき、子どもの「なぜ？」を大切にして、子どもが自分で考えられるように大人が手伝ってあげると、子どもは学びが大好きになります。

なぜなら、モンテッソーリいわく、**児童期の子どもの願い（魂の叫び）は、「自分で考えられるように、手伝ってね！」というものだからです。**

自分の身体をまだ思い通りに動かせない乳幼児期の魂の叫びは、「自分でするのを、手伝ってね！」というものでした。

けれど、発達の第2段階に入り、思い通りに体を動かせるようになった児童期の子どもは、次に「自分で考える」ことを本能的に求めます。つまり児童期は「自分で考えたい」「学びたい」「世界の全てを知りたい」という意欲が、ものすごく高まる時期なのです。

このことについて、モンテッソーリはこんなことを言っています。

「知識は学びたいという意欲があるところで与えられるのが最善です。6－12歳の子どもの脳と心は、蒔いたすべての種を芽吹かせることができるくらい豊かな土壌です。そして、この時期の子どもたちは、社会や文化の中で芽吹くであろう学びの種を、受け取る準備が出来ています」（『人間の可能性を伸ばすために　実りの年　6歳〜12歳』マリア・モンテッソーリ著／田中正浩 訳／青土社）

子どもに「学びの種」を蒔くのに最適な時期、それが、児童期です！

自由に選べて、ワクワクできる環境で、子どもは学びが好きになる

ですから、児童期の子どもをサポートする大人の役目は、「学びの種」をできるだけたくさん蒔いてあげることになります。

ただし、ここでいう「学び」とは、学校の教科書を暗記したり、そこに載っている公式を使って問題を速く解くことを求められる、いわゆる「勉強」とは異なります。

本書でいう学びとは、本人が興味があって知りたいから学ぶ、本来の意味での学びのこ

と。

人は、他人に無理やり押し付けられたものには、なかなか興味を持てません。自分が気になるから、自分が好きだから、自分が知りたいから、自分が選んだから、率先して「知りたい！」「考えたい！」「学びたい！」となります。そう、本来の学びには、自分で自由に選べることが、とても大事になるのです。

だとすれば、大人がすべきことは、子どもが「自分で自由に選んで、学べる環境」を整えること。そうした環境の中に、できるだけたくさん「学びの種」をちりばめることです。

ちなみに、「学びの種」とは、「ワクワク」のこと。子どもが「なんで？」「どうして？」「何それ!?　知りたい！」と思わず前のめりになるような、ワクワクする事実や謎を伝えることが、すごく重要になってきます。

そんな環境が整い、学びの種がちりばめられているのが、モンテッソーリ教育の小学校です。

児童期のモンテッソーリ教育の特徴とは

モンテッソーリ小学校から、教育のヒントを学ぼう

ここからは、小学生の子どもに学びを好きになってもらうためのヒントがたくさんつまった、モンテッソーリの小学校について見ていきましょう。

残念ながら、今の日本にはモンテッソーリ小学校がなく、私が運営するモンテッソーリ・ファームのような環境や、資格者のいる教室もとても少ないのが現状です。けれど、実際のモンテッソーリ小学校の特徴を知ることで、ママやパパがおうちでお子さんと接するときに役立つ、たくさんのヒントを得ることができます。ヒントを基に接すると、お子さんの「学び」に対する姿勢がきっと変わってくると思います！

特徴❶ 先生主導ではなく、子どもが主体

まず、大きな特徴として、「先生主導」ではなく、「**子どもが主体**」**で学びが進む**ということがあります。一般的な学校では先生主導で授業を進めますが、大人に「これをやりましょう」と一方的に言われても、子どもはワクワクしないので、なかなかやる気が起きません。

モンテッソーリ小学校では、先生は子どもに知識を教え込むより、学ぶことの魅力を感じてもらうことを大切にします。つまり、**先生の役割は、子どもの「どういうことなんだろう？」「知りたい！」という好奇心を掻き立てること。**

そのために先生は、意外な事実や謎を物語にしてお話ししたり、たくさんのレッスンをします。

特徴❷ 子ども自身が学習計画を立てる

子どもが主体なので、スケジュールも子どもが決めます。毎朝、自分で「今日は数をやろう」「地理をやろう」などと考えて、「**ジャーナル**」**と呼ばれる計画表を作成**するので

す。

他の誰かではなく、自分で決めたので、子どもはしっかりスケジュールを守りやすくなります。特に**児童期は責任感が芽生える時期**なので、やることを自分で決めるというやり方は、とても有効です。おうちでも、宿題やお手伝いの時間を、お子さんに自分で決めてもらうと、スムーズに進むことがあります。

とはいえ、一方で、先生は小学校6年間で学ぶべき最低限の教養が習得できるように導きます。例えば、地理ばかり学びたがる子がいたら、他の分野にも興味が持てるようにレッスンプランを立て、他分野を紹介していきます。

特徴❸ 異年齢の子どもたちで、グループ活動をする

「異年齢の子どもが混在するクラス編成」というのも、モンテッソーリ教育の小学校の大きな特徴です。さらに、子どもたちには数人のグループで活動してもらいます。なぜなら、**児童期の子どもには、グループでの活動を好む傾向**があるから。そのうえ、自分にはできないことができる人にあこがれる**「ヒーロー崇拝」の傾向**があるからです。

こうした傾向から、異年齢のクラスでは、小さな子が年上の子のマネをして、「自分も

やりたい！」と共に活動する姿がよく見られます。また、**責任感が芽生え始めた年上の子どもが率先して下の子のお手本に**なったり、助けたりすることもあります。同年齢だけで過ごすより、異年齢のグループのほうが、こうした環境が発生しやすいのです。

ですから、親御さんは、機会があれば、自然環境で活動するボーイ（ガール）スカウト活動など異年齢の子どもが集まる場所に、お子さんを連れて行ってあげるのもよいでしょう。

特徴❹ 教育の目的は「平和に繋がる自己構築」

「お子さんを教育する目的は？」と聞かれたら、なんと答えますか？　一般的には「わが子の成功」「良い大学や良い就職」と答える方も多いかもしれませんが、モンテッソーリ教育の目的は少し違います。

その目的は、「平和で調和のとれた世界をつくる人間を育むこと」。子どもたちは、ものごとを地球規模で考え、自分の使命を考えるようになっていきます。この考え方の

グループ活動をする異年齢の子どもたち

根っこにあるのが、モンテッソーリ教育特有の「**コスミック（宇宙）教育**」です。

児童期の子どもは、「あらゆることの理由を知りたい！」という欲求を持っています。なんでも知りたいこの時期の子どもに、モンテッソーリは、まず、あらゆるものを内包する「宇宙」から考える教育をすることにしました。

あらゆるものを含む宇宙には、目に見えない自然のルールがあり、そのルールを通じて、宇宙に存在する全てのものが繋がっている。さらに、それらのものには、それぞれの役割があり、自分の役割（使命）を果たすことで、宇宙の調和が保たれている。これが、コスミック教育の基本的な考え方です。

例えば、昆虫が「植物の受精」を手助けするという使命を果たしてくれないと、植物は種子をつくって繁殖することができず、人間や動物たちの食料が不足します。その結果、多くの生物が滅びるかもしれません。こんなふうに宇宙的な視野で見ると、この世の全ては繋がっていて、意味のないものはひとつもないことがわかります。

その関係を知ることで、全てに感謝できる心を育むこと。これが、モンテッソーリ教育の目的のひとつです。その上で、子どもたち一人ひとりに、宇宙的な視野で見た、自分の役割を見つけてもらうことが、モンテッソーリ教育の真の目的になります。

昆虫や植物にそれぞれの使命があるように、人間にも一人ひとり、果たすべき使命があるとモンテッソーリ教育では考えます。**お互いを生かすことのできる、調和のとれた平和な世界をつくるために、それぞれの興味を通じて、自分の使命を探す**こと。それを成し遂げる責任感のある人間を育てることが、モンテッソーリの小学校教育が目指すところです。

自分が幸せならそれでいいのではなく、周りの人の暮らしや環境をいかに良くできるか。そのために、自分にできることを真剣に考えて、過去に生きてきた人間たちに感謝し、地球の全てのものの役割に敬意を持ち、自分でできることを真剣に考えていくのが、児童期以降のモンテッソーリ教育で求められる人間像です。

特徴❺ 教科の枠組みを超えて、興味の幅を広げる

始めに宇宙というもっとも大きな枠を見せてから、徐々に細部へフォーカスしていくのが、「コスミック教育」の特徴です。

そのため、モンテッソーリ小学校では、大枠である「宇宙の誕生」や「生命の歴史」から学びを始めます。そうしたプログラムに沿って、教科は「**地理**」「**生物**」「**歴史**」「**言語**」「**数**」「**幾何学**」「**芸術**」「**音楽**」などに分かれます。

「あれ？　日本の小学校でやる、社会や理科や国語はやらないの？」と思うかもしれませんが、そうした内容もちゃんと含まれていますから、ご安心ください。教科については、第2部でくわしくご説明します。

なぜ最初に大枠を見せてから、徐々に細部へフォーカスするかというと、最初に全体像を見せることで、子どもたちはその中にさまざまな「繋がり」を見出し、分野を超えて興味の幅を広げられるようになるからです。

先生の役割は、子どもが気づかない「繋がり」についてヒントをあげて、子どもの興味を繋ぐこと。例えば、「音楽」でショパンの話をしたら、「ショパンが生きていた時代はね……」と当時の「歴史」に話を繋げてみる。あるいは、「幾何学」で図形のパターンを学んだら、だまし絵で有名なエッシャーの版画を見せながら「芸術」に話を繋げてみる。

ありとあらゆる学びが繋がりあっていることを知ると、より深く学ぶことができます。

特徴❻ 知りたい内容を、深く学べる環境

分野を超えた「繋がり」を大事にするモンテッソーリ小学校では、教科ごとに内容がまとまった、いわゆる「教科書」がありません。では、何を参考に学ぶかというと、教科書に載っているような内容をバラバラにした教材を使います。

例えば、一般的な学校の教科書にもし「鉱物」が載っているとしたら、それは「理科」の教科書中の、ほんの数ページです。

一方のモンテッソーリ小学校では、「鉱物」の図鑑が棚に置いてあり、子どもたちは自分が興味を持ったタイミングで、それを調べることができます。あるいは、もっと知りたければ図書館や博物館へ行って調べたりすることもあります。先生は、子どもが「知りたい！」と思ったときに、深く調べられる環境を整えておいたり、調べられる場所に導いて行ってあげたりすることで学びを援助しています。

特徴❼ テストのためではなく、面白いから勉強する

モンテッソーリ教育の小学校では、それぞれの子どもが、それぞれのペースで、異なる

ことを学んでいるので、テストや評価がありません。基本的には問題も子どもが自分でつくって答え合わせもするので、大人は丸つけに積極的ではありません。子どもたちは点数で比較されないので、そのことでコンプレックスを持つことがないのです。

テストはありませんが、子どもたちは研究発表やレポートの作成をします。

また、先生はそれぞれの子どもの理解度を見ていますから、「ここが足りないな」と思ったら、その子の興味を繋げて、「テストのための勉強ではなく、面白いから、自分のために勉強する」というふうに導きます。

他にも、ユニークな机や棚の配置だったり、宿題がなかったりなど、モンテッソーリ小学校にはさまざまな特徴があります。もっと知りたい方は、モンテッソーリ・ファームのSNSや「note」等で紹介してますので、次のQRコードから確認してみてください。

知っておきたい「人間の傾向性」について

子どものモチベーションの一端を理解する

さらに、小学生のお子さんを持つママやパパに、知っておいていただきたいことがあります。それが「人間の傾向性」についてです。

「人間の傾向性」とは、すべての人間に備わった方向性で、人間らしい特徴を獲得するために後押ししてくれる性質のことです。「もっと良くなりたい！」「成長したい！」という人間の衝動は、この傾向性から来ています。

生まれてから死ぬまで続くとされている「人間の傾向性」を知ると、お子さんが特定のものごとになぜ強いこだわりを見せるのか、そのモチベーションはどこから来るのか、こだわりを放置してもよいものかどうか、理解できることがあるんです。

幼児期や児童期を過ぎても一生続く「人間の傾向性」には、以下のようなものがあります。

人間の傾向性

＊分け方には諸説あります。

①探究したい！

人間は胎児のときから、母親のお腹の中で、手足などの感覚を使って探究を始めると言われています。生まれた後は、体の感覚だけでなく、想像力も使って世界を探究します。人類は大昔から、体を使って自分の場所を見つけ、食料を見つけ、何を食べれば元気になるかを発見して生き延びてきました。つまり、この傾向性の恩恵を受けてきたわけです。今も私たちが外出先であちこち歩きたがるのも、この傾向性によるものです。

②自分の居場所を知りたい！

自分のいる位置がわからなくなったら、誰でも不安になります。そのため人は、地図を確認したり、時間を確認したりして、安心します。

③秩序を見つけたい！

「秋の次に、冬が来る」「昼間が終わったら、夜が来る」「一日は24時間で終わる」など、秩序（ルール）を見出すことで安心します。

④コミュニケーションしたい！

「誰かとコミュニケーションしたい！」という衝動は本能です。それは生まれたときから始まり、言葉だけでなく、表情、体、泣くという行為でもコミュニケーションをしようとします。ですから、子どもが何かを訴えたら、それに応答したり、「聞きたい！」という姿勢を持ったりすることが大切です。

⑤仕事をしたい！

人間は「仕事」が大好きです。ただし、ここでいう「仕事」とは、お金を稼ぐための仕事ではなく、人の役に立つような価値あることをするという意味。子どもの場合は、その前段階として、自分自身をつくりあげるための活動に熱中します。こうした「仕事」には、幼い子どもでも何時間も集中して活動することができます。

⑥繰り返したい！

人間には、自分が好きなことを繰り返し練習し、上達したいという気持ちがあります。

⑦間違いを訂正したい！

誰かに間違いを訂正されなくても、繰り返しによって自分で間違いに気づき、訂正しようとします。大人だって、誰かに注意されて訂正するよりも、自分で気づいて訂正するほうがずっと学びが深いもの。子どもだって同じです。

⑧正確性を追求したい！

繰り返し、自己訂正を積み重ねていくことで、自然と正確性を追求していきます。

⑨抽象化したい！

子どもがりんごの絵を見て「りんご」と理解できたり、「り」「ん」「ご」という文字を見て「りんご」をイメージできたら、抽象化が進んだということです。ものごとを抽象化しシンプルに捉えることで、その本質や共通するしくみを理解しようとします。

⑩想像したい！

人間には、目の前にない物事さえ心に思い浮かべられる力があります。人間はこれまでさまざまなものを発明してきましたが、それは「想像したい」という傾向性のおかげです。

⑪数学的に考えたい！

数学的頭脳により、子どもが歩き始めるとき、足を高く上げすぎたと気づけば、距離を判断して、次第に適切に足を動かせるようになります。また、大きさや数などもわかります。

⑫自己完成したい！

もっとうまくなりたい、もっとよく知りたい、もっと素敵な人間になりたい。つまり「自己完成」に向かう思いがあるからこそ、人は成長します。

以上、12の傾向性を挙げましたが、ここから、子どもについて、いくつかのことがわかります。

例えば、子どもの探検好きは「探究したい」という傾向性に基づくものですし、好きなお絵描きやサッカーのシュート練習に没頭するのは、「繰り返したい」「間違いを訂正したい」「正確性を追求したい」「自己完成したい」などの傾向性があるからです。小学生は長さを測るのも好きですが、そのときは「数学的頭脳」を使っています。

子どもはこうした傾向性を通じて、どんどんやり方や考え方を洗練させて、自分自身を成長させることができます。

だとすれば、サポート役の大人がすべきことは、子どもの衝動をむやみに止めたり、やたらと細かな間違いを指摘したりしてやる気を削ぐことではない、とわかります。

大事なのは、大人がこうした衝動を理解して、子ども自身の「成長したい！」という意欲を後押ししてあげること。そのために、子どもが集中できる環境を整えて、学びたい意欲のある児童期の子どもに、学びへの意欲を掻き立てる「ワクワクの種」をたくさん蒔くことなのです。

では、どうやって「ワクワクの種」を蒔けばよいのでしょう？

第２部では、モンテッソーリ小学校の授業内容についてお伝えしながら、そのヒントをご紹介していきます。

小学生のための、モンテッソーリ教育

コスミック教育の要「グレートストーリー」とは

第1部では、児童期の子どもの特徴について見てきました。

ここからは、学びたい意欲の強い児童期に、先生はどのように「ワクワクの種」を蒔いているのか、モンテッソーリ小学校の授業内容を紹介しながら、お伝えしていきます。

主要教科である**「地理」「生物」「歴史」「言語」「数」「幾何学」**の中には、日本の一般的な小学校で習う「国語」「算数」「生活（理科・社会）」「図工」などが含まれています。

その前に、まず知っていただきたいのが、各教科の初めに先生が子どもにお話しする「グレートストーリー」についてです。なぜなら、モンテッソーリの小学校教育では、このグレートストーリーがとても重要な位置を占めているからです。

「コスミック教育」で、もっとも大きな枠組みから

モンテッソーリは、宇宙から学びを始める「コスミック教育」を提唱しました。なぜなら宇宙は、その中に存在する、全ての情報を繋げる大枠だからです。また、宇宙や地球の誕生から学ぶことで、地上に現れた裸の弱々しい人間が、文明を築いた過程を知ってもらい、「自分も同じように、すごいことができるんだ！」と子どもに感じてもらうためです。

ですから、モンテッソーリ小学校では、「宇宙の誕生」から始めて、そこからGoogle Mapsで徐々にズームインするように、地球や国、地域といった細部にフォーカスしていきます。**細部からではなく、大枠から始める**のが特徴です。

「グレートストーリー」で、子どもの興味を掻き立てる

では、コスミック教育をどう進めるかというと、ポイントが「グレートストーリー」です。グレートストーリーは、モンテッソーリ自身が、想像力が芽生え始めた児童期の子どものためにつくったお話で、**『宇宙の始まりの物語』『命の始まりの物語』『人間の始まりの物語』『言語（アルファベット）の物語』『数字の物語』**の5つがあります。

それぞれの物語では、モンテッソーリ小学校で学ぶ「地理」「生物」「歴史」「言語」

「数」の大枠が語られ、中には学びのポイントとなる「ワクワクの種」がぎゅっと詰め込まれています。これを先生が、最初に子どもに伝えることで、これから学ぶことへの扉を開くのです。学ぶことの全体像を最初に紹介し、その分野の学びの扉を開くのが、グレートストーリーの役割です。

モンテッソーリ小学校では、先生は基本的には言葉だけで（たまにチャートと言われるポスターのような絵も見せますが）子どもたちにお話しします。いわゆる「素話（すばなし）」をするのです。

実は、グレートストーリーでは、惑星や岩や空気などが擬人化されていることもあり、わかりにくい部分があるのですが、想像力豊かな児童期の子どもたちは、その不思議な物語に聞き入ります。耳で聞くお話が、子どもたちの想像力を奮い起こすのです。

グレートストーリーを子どもたちに話した後、先生は「この前のお話の中に、重いものは下に沈み、軽いものは上に昇っていく、ということが出てきたよね。じゃあ、今日はこんな実験をしてみよう！」と重力を確かめる実験をします。

モンテッソーリ小学校ではこんなふうに、グレートストーリーで子どもに「ワクワクの種」を蒔いてから、さらなる探究への活動に繋げていきます。

先生は宇宙にあることに興味を持ち、魅力的な物語の語り手になる

グレートストーリー以外にも、子どもの興味を掻き立てて、想像力を刺激するために、先生が自分で話題を選んでお話をすることもあります。

例えば、数を学びながら、「数学者のピタゴラスは、こっそり掘ったトンネルを使って、自分は瞬間移動ができると周りに思わせてたんだって」とか、「ピタゴラスは、お弟子さんの発見も自分の手柄にしてたそうだよ」とか、テーマにちなんだ小話をするのです。すると、子どもたちは「何それ！」「もっと知りたい！」と興味を掻き立てられて、ピタゴラスや数の歴史を、ワクワクしながら自分で調べ始めることもあります。先生が面白い物語を語ることが、子どもの主体的な学びに繋がるのです。

つまり、モンテッソーリの小学校の先生がすべきことは、子どもに関心を持ってもらうため、魅力的な物語の語り手になること。そのために先生は、子どもが心をひかれていることはもちろん、宇宙のあらゆることに興味を持たなくてはなりません。だから一生勉強

し続けられる、とてもやりがいのある仕事だと思います。

では、モンテッソーリ小学校の先生は、どんな「ワクワクの種」を蒔きながら、子どもの興味を掻き立てているのでしょうか？　次からは、具体的な授業内容を確認しながら、一緒に見ていきます。

まず、それぞれの分野の冒頭に、グレートストーリーの概要をマンガで紹介しています。実はこのマンガはお子さん向けではなく、ママ・パパに向けて描いたものです。できればお子さんには見せずに、ママ・パパが「ふ〜ん、モンテッソーリの小学校ではこんなふうに学びの扉を開いていくんだな」と、子どもを導いていく参考にしていただければと思います。子どもたちは言葉でグレートストーリーを聞き、想像力を駆使して学びをスタートさせますが、大人にはこうした想像が難しいと思うので、あえてマンガ化しました。

さあ、それでは地理から見ていきましょう！

地理

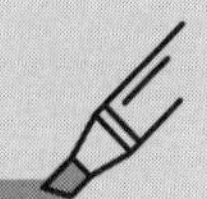

グレートストーリー① 『宇宙の始まりの物語』

小学校教育の中心的な位置を占める「地理」

小学校6年間で学ぶ「地理」について

①「自然の法則」を体験する

②「太陽と地球」の関係を体験する

③「水の働き」を体験する

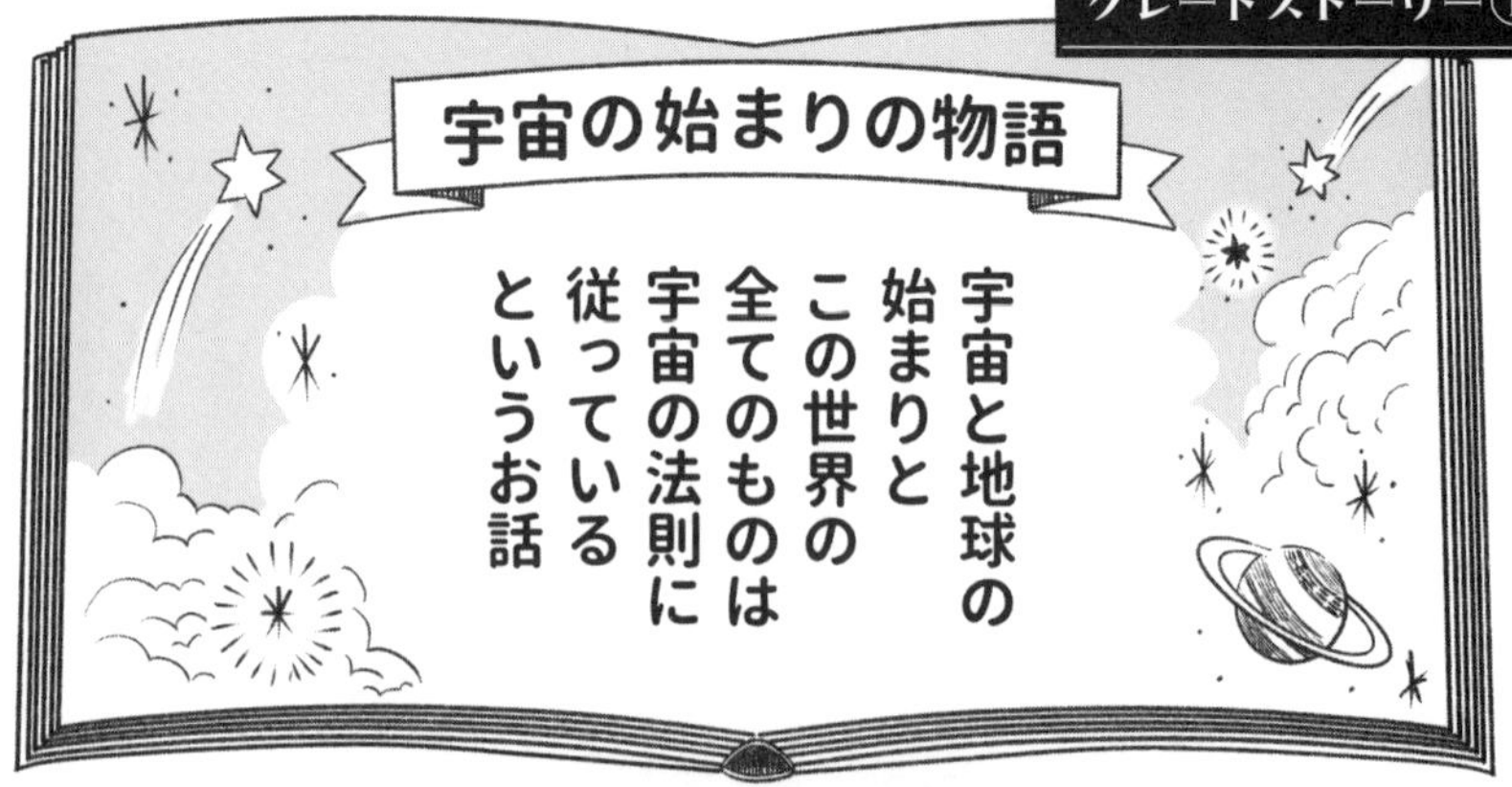

始めは何もなくまっくらで

とても冷たい空間が広がっていました

そこに小さな光が現れ…

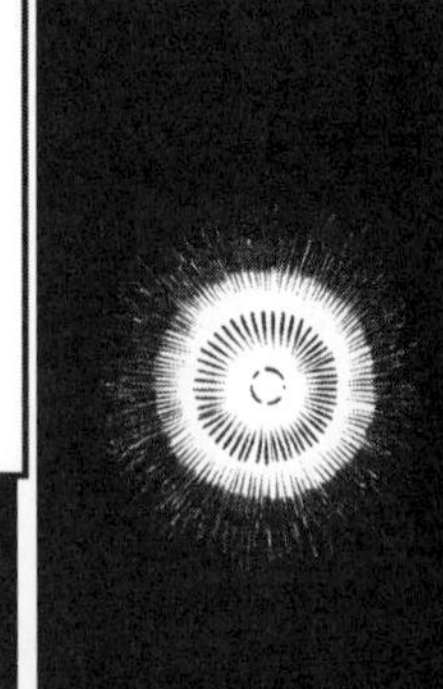

そして
雲から落ちた
光の粒が
ポッ
ポッ
星となって
ちらばり
はじめました

その一粒が
太陽に
なったよ
Hi!
ポポッン

太陽
ちなみに
その後に
できた地球は
太陽の大きさの
百万分の一です
地球

のちに
地球となる
小さな
粒たちには
従うべき
法則が
与えられ
ました
法則
粒たちよ…
冷えるにつれて
近づいて
小さくなりなさい

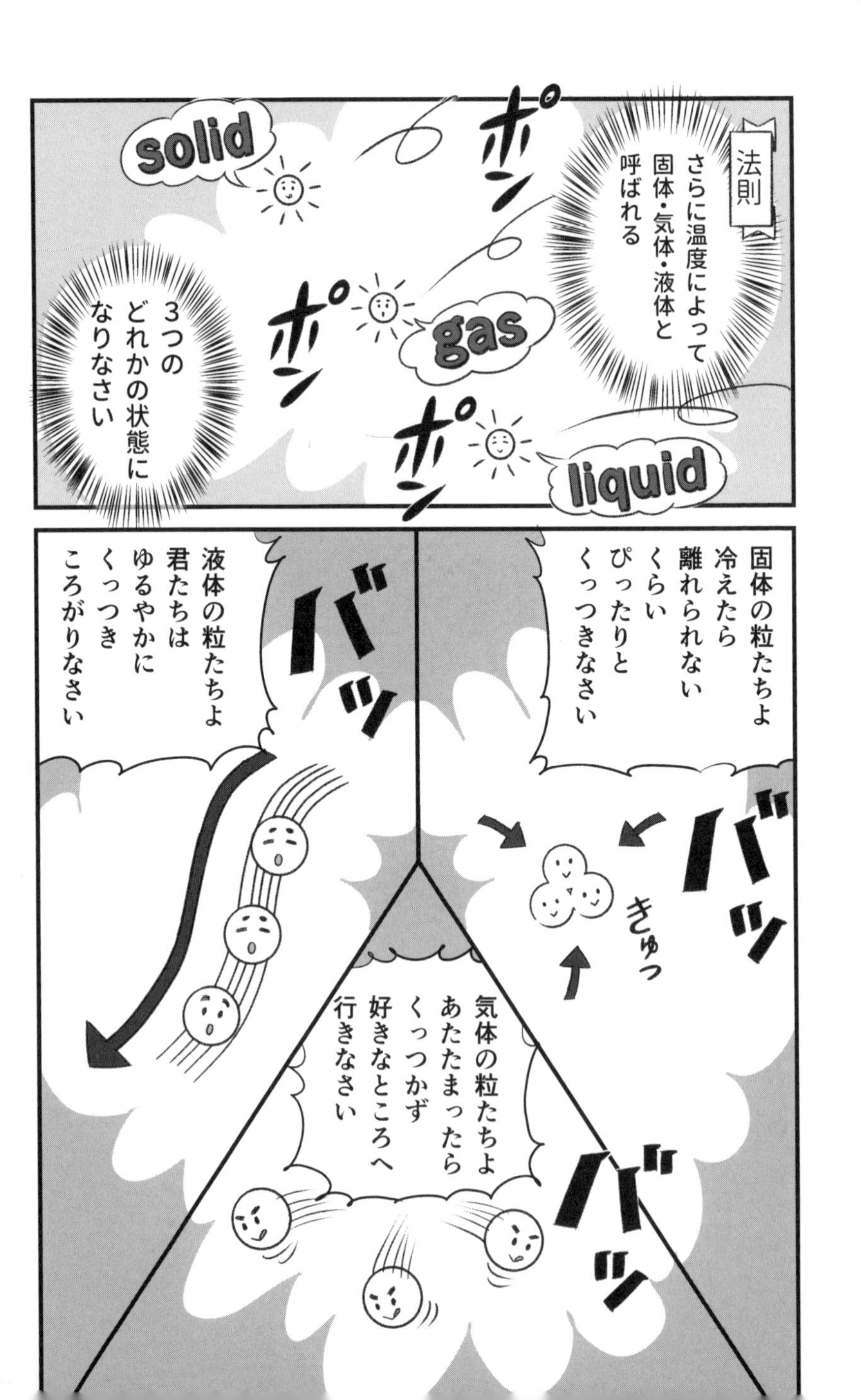
法則
さらに温度によって固体・気体・液体と呼ばれる
3つのどれかの状態になりなさい
ポン
ポン
ポン
solid
gas
liquid
固体の粒たちよ冷えたら離れられないくらいぴったりとくっつきなさい
バッ
きゅっ
液体の粒たち君たちはゆるやかにくっつきころがりなさい
バッ
気体の粒たちよあたたまったらくっつかず好きなところへ行きなさい
バッ

粒たちは
従いながら
のちに
地球になる
燃える塊を
つくり
ゴォォォ
太陽の周りを
回転しながら
自分も回り
はじめたのです

塊の外側は
まるでダンサーが
踊るように
動いて…

地球の熱いものを
冷たい宇宙に
運んで…
ぐる
hot
冷たいものを
持って
地球に戻って
きます
cold
ぐる

こうして
地球は
火の玉から
だんだんと
冷えて
落ちついて
いきました

でも冷えた
地球の上には
薄い膜が
できたことで
ホットミルクの膜みたいにね
水
膜
地球

中にはまだ
熱いものが
閉じこめられる
ことに
ムゥ〜ゥ
膜

法則
熱くなったら
ふくらむ
ムグググ
よ〜し
グムゥゥ

ドオオオン
しわは山になり
雨は全ての
くぼみに入って
海や川になりました
ザーーッ
やがて今度は
冷えて
縮んだ
しわくちゃな
古いりんごの
ようになりました

太陽から
地球を
隠していた雲は
消えました
Hello!

岩
空気
水
固体
気体
液体

今も
はるか昔と
同じように
あらゆるものは
みんな法則に
従っています

私たちの
地球は
自分自身で
回り
さらに
太陽の
周りを
回って
います

そして今日も
地球とそれを
構成する
全てのものは
その使命を
果たすとき
こう
ささやいて
います

私たちは
法則に
従います

小学校教育の中心的な位置を占める「地理」

今お読みいただいたグレートストーリー**『宇宙の始まりの物語』は、6歳でモンテッソーリ小学校に入学した子どもたちが、先生から最初に聞く物語**です。

惑星や粒子が擬人化されていることもあり、大人にとってはなかなか難解なお話ですが、想像力が豊かな児童期の子どもたちは、目をキラキラさせてこの物語に聞き入ります。なぜなら、子どもの好奇心を刺激する要素が、ふんだんに盛り込まれているからです。

例えば、「粒たちがくっついたり離れたりするって、どういうこと？」「地球が太陽の周りを回転しながら、自分も回り始めたら、どうなるの？」「熱くなったら膨らんで、冷えたら縮むって何？」など、この物語を聞いた子どもの心には、次々と疑問が湧き上がります。「推論する心」が芽生え、想像力を使って考えたい児童期の子どもにとって、こうした疑問を与えてくれるグレートストーリーは、探偵が大好物の謎に出会ったときのようにワクワクする物語なのです。

また、物語に登場する「地球の百万倍の大きさの太陽」や「（物質を構成する）小さな粒たち」という極端なスケールにも、子どもは激しく魅了されます。この時期の子どもたちは、極端なものが大好きだからです。

こんなふうに、子どもを魅了するワクワクの種がいたるところに仕込まれているのが、モンテッソーリが考えた「グレートストーリー」なのです。

5つあるグレートストーリーの中でも、最初に語られる『宇宙の始まりの物語』では、

●宇宙や地球がどうやってできたか

●全てのもの（生物・無生物）には、決められた法則があり、それに従って無意識のうちに自分の使命を果たしている（例：軽いものは上昇し、重いものは下降する、など）

●ものには固体・液体・気体という3つの性質があり、温度によって状態を変えるなどが語られます。

どれも、子どもが宇宙の成り立ちや自然の法則を理解する助けとなるテーマです。

この物語を最初に聞いておくと、例えば子どもたちが、あとになって「地震」について学ぶ際に、「なるほど、グレートストーリーで言っていたように、地球の内部に閉じ込められたマグマは熱いから膨らんで、地殻を動かすんだ！」とピンときます。つまり、この

物語には、小学校6年間で学ぶ「地理」の核となる教えがギュッとつまっているわけです。

ところで、「こんな不思議な物語からスタートして、モンテッソーリ小学校では結局、何を学ぶの？」と気になった方も多いと思います。

実はこの『宇宙の始まりの物語』には、一般的な小学校で教わる地理の要素に加えて、物理、天文学、化学、気象学、地質学などの、幅広い要素が含まれています。「全てのものは、地球に繋がっている」と考えたモンテッソーリは、これらを全てまとめて「地理（geography）」と呼びました。ギリシャ語で「地球（geo）記述法（graphy）」という意味です。

そうしたことから、宇宙にまつわるあらゆる現象を学ぶ「地理」は、コスミック教育を行うモンテッソーリ小学校で、中心的な位置を占める教科とされています。

小学校6年間で学ぶ「地理」について

『宇宙の始まりの物語』からスタートして、子どもたちは、6年間で次のようなことを学んでいきます。

［地理の内容例］

●宇宙の始まりの物語……宇宙や地球の始まりについてや、法則の紹介
●地球の構成……地球の層／地殻の動き／プレートテクトニクスの影響（山の形成、地震、津波、間欠泉）／岩について
●引力と重力……磁力／重力／液体の重量による沈降方法
●物質の組み合わせ……混合物・懸濁液・溶液／化学変化／分離／飽和と結晶化
●物質の状態……温度の影響／固体・液体・気体について
●太陽と地球……太陽と地球の相対的な割合／太陽系の惑星／地球（自転・公転、地軸の傾き、日付、寒暖エリア、至点、分点、季節）
●空気の働き……空気の働き／あたためられた陸／水と風の相互作用／季節の移り変わりと風／雨／海流、風食
●水の働き……川の定義や特性／自国と世界の川／川・雨・波／氷による浸食／水の循環／植生の広がり（気温帯・人間居住）など
●依存関係……食べ物はどこで手に入りますか？／農家は何を生産しますか？／誰が農民に依存していますか？／農民は誰を必要としてい

●**経済地理学**……ますか？／物流／税務、税金について
何がどこで、どのくらい生産されていますか？（例：麦）／ど
のくらい消費しますか？（例：乳）／消費と生産の比較（例：
米）／世界の貿易／貿易収支とお金の流れ

●**地理学の命名法**……地理的特徴の模型の作成／紙の模型／国名・都市名・地名の学
習

あの難解な『宇宙の始まりの物語』を契機に、子どもたちがこれだけのことに興味を広げていけるよう、モンテッソーリ教師はそれぞれの子どもの関心を刺激しながら、導きます。子どもたちは、自らの関心に従って、自然にまつわるあらゆる分野に興味をさまよわせ、狭い教科書の枠を軽々と飛び越えて、宇宙を探索し始めるのです。

ママ・パパが家庭でできる教育とは

ところで、子どもに宇宙や自然に興味を持ってもらうために、ママやパパが家庭でき

ることはあるでしょうか？

もちろん、あります。

まずは、**ママやパパが宇宙や自然に興味を持つこと**です。

身近な大人がワクワクしながら楽しそうに何かを学んでいると、子どもは「ママやパパは、何に熱中してるんだろう？」「集中してやってるけど、そんなに楽しいのかな？」と徐々に気になってきます。それが子どもの学びのきっかけになることは、大いにありえます。

ですから、ママやパパが『宇宙の始まりの物語』を読んで、宇宙や自然や粒子について気になったこと、知りたいことがあれば、それを調べてみることから始めてみてください。

そして、調べるうちに、面白いことが見つかったら、「ねぇねぇ、知ってた？　木星って、一年中嵐が吹き荒れてる星なんだって！　想像できる⁉」とか、「うちの裏山にある花崗岩（かこうがん）は、マグマが冷えて固まったものなんだよ。よく見てみようよ！」という具合に、子どもに気軽に話してみてください。児童期の子どもにとって、それが最初の興味への大きなきっかけになるかもしれません。

さて、ここからは、モンテッソーリ教師が、児童期の子どもたちの「地理」への興味・関心をどう掻き立てているか、代表的な活動を例としていくつかご紹介します。

また、おうちでモンテッソーリ教育のエッセンスを採り入れるためのポイントについても記しました。例えば、『宇宙の始まりの物語』の内容を参考にして接して、子どもがもっと興味を持ちそうであれば、試してみてもいいと思います。

ただし、お子さんが興味を持てないのに、大人がはりきってやるのは逆効果。やりたくないのにやらされると、子どもは学びそのものがキライになってしまいます。

全く興味を持ってくれないようだったら、少し時間を置いて、子どもの様子を観察してみましょう。幼児向けのやさしい絵本を一緒に読んでみることからスタートしてもよいと思います。

活動❶ 「自然の法則」を体験する

モンテッソーリ・ファームの小学生クラスでは、子どもたちは『宇宙の始まりの物語』を聞いたあと、物語に登場する「粒たちの法則」について、さまざまな形で体験します。先生は「あの物語に出てきたよね。あれを確かめてみようか」と言いながら、子どもたちと一緒に活動します。

【「粒たちの法則」を体験する】

物質には「固体・液体・気体」の3つの状態があり、温度によって各状態へ変化することを確認します。

- 固体＝冷えると、粒たちはぎゅっと固まる。
- 液体＝少しあたたまると、粒たちはゆるやかに繋がり、転がりあう（流れる）。
- 気体＝さらにあたたまると、粒たちは手を放して好きなところに飛んで行く。

体験Ⅰ 「氷（固体）」「水（液体）」「空（カラ）（気体）」の3つの容器を用意。それぞれに触れな

気体の粒を演じる子どもたち

がら、「冷たい氷は固いから固体だね」「氷より冷たくないお水は液体だね」「容器が空（カラ）ということは、粒たちは手を放してどこかへ飛んで行ったってことだから、気体だよ」と、それぞれの物質の状態の説明を聞きながら、体験します。

体験Ⅱ クラスでは、子どもたちに固体・気体・液体の粒を演じてもらいました。上の写真は、それぞれが気体の粒としてバラバラになった状態を体験している様子です。固体のときは手をしっかり繋ぎ、液体のときは手の先だけくっつけてゆるやかに繋がり、気体のときはまったく手を繋がず好きな方向へ動き回ります。

おうちでもできること

●「体験Ⅰ」「体験Ⅱ」は、共に家庭で体験できます。ただし、「体験Ⅱ」は、ある程度人数がいたほうがよいので、ママやパパ、おじいちゃんやおばあちゃん、きょうだいも交えてできると楽しそうです。

●「これが気体の状態だよ」「これが固体だね」「これは液体」などと、各状態を説明しながら体験すると、子どもはそれぞれの状態を自然と覚えられます。こうした性質や法則は、料理の中でも取り入れていけることです（ドレッシングづくりなど）。

活動❷「太陽と地球」の関係を体験する

『宇宙の始まりの物語』のメインキャスト、「太陽」と「地球」の関係に焦点を当てて実験します。太陽を回る地球の軌道を確認したり、地球の地軸の傾きを体験したりすることで、「昼夜」や「季節」が生じることを体験します。

体験Ⅰ 地球の自転を模すために、地球儀を「西→東（左→右）」に回すことを教えます。
その後、地球儀の赤道あたりに太陽代わりのライトを当てて、地球儀を回してもらいます。その状態で、地球では東から夜が明けることや、各地の日の出・日の入りに時間差があることを確認します。

太陽代わりのライトを設置し、地球の自転を体験中

体験Ⅱ 太陽役の電灯を設置。子どもに地球儀を持ってもらい、その周りをぐるりと一周してもらったあと、これが1年間の地球の動き（公転）であることを伝えます。このとき、地軸の傾きが常に北をさすように、地球儀の向きが一定になって移動するように注意。北半球と南半球への太陽の当たり方を観察しながら、春夏秋冬について伝えます。

おうちでもできること

もし、子どもが太陽や地球の関係に興味を持っていたら……

- 体験Ⅰを、地球儀の「日本」に印をつけた状態でやってみましょう。
- 体験Ⅱを、大人が「太陽」役、子どもが「地球」役になって体験してみましょう。地球には、自転しながら公転してもらいましょう。目が回るので、周囲に気を付けて！
- 太陽と地球からスタートして、太陽系の他の惑星に興味を持つことも。プラネタリウムなどに出かけて行ってもよいですね。

活動❸ 「水の働き」を体験する

『宇宙の始まりの物語』では、冷えた地球に雨がたくさん降り注ぎ、海や川ができたことを伝えました。

このお話に基づいて、液体は空洞や隙間を満たしながら上から下へ流れていくことを伝えつつ、「水の働き」をさまざまな角度から紹介します。例えば、水が集まってできた川が、どのように地面を浸食するのか。そうしてできた地形が、人々の暮らしや移住にどう影響するかなど。

体験 先生がつくった大きな川のモデルを使って、子どもたちと一緒に、水の働きである「浸食」「運搬」「堆積」などを確認します。また、川がつくる特徴的な地形「河原」「三角州」などの名称も紹介します。

おうちでもできること

もし、子どもが川や水の働きに関心を持っていたら……

●空いている時間帯に、公園の砂場に行って、大きな砂山をつくります。山には、石や枝

砂場に山を流れる川のモデルをつくり、水の働きを確認

などで障害物を置きます。その後、頂上から、ジョウロで水をかけて、川の流れをつくります。水の力で、山が削り取られ、岩や枝が下流に運ばれて堆積し、扇状地や三角州ができる様子を体験してもよいですね。置いたものは、回収して持ち帰りましょう。

●博物館に展示を観に行ったり、キャンプなどで川の流れを観察したりするなど。

「吸収する心」があった乳幼児期は丸暗記が得意なため、川や国、都市などの名前を暗記するのに適していました。しかし、「推論する心」が芽生える児童期は、「なぜ、こうなるのか」「どうして、こうなったのか」という因果関係を学ぶことに適したタイミングです。つまり、砂場で実際に水が砂を押し流す様子を観察しながら、「なるほど、こうやって水が山を削って、谷や三角州ができるんだな」と推論し、それを楽しむことができるわけです。高学年になったら文明がいかに川の近くに生まれたか。人々の暮らしと水との関係などに興味や研究を導いていくこともできます。

おうちで「活動」にチャレンジするときは

本書では、活動と共に「おうちでもできること」をご紹介していますが、注意していただきたいことがあります。

1つめは、家用に「教具を買わなくてよい」ということ。高価な教具を買っても一度しか触らない可能性も高いため、必要なら何かで代用してみましょう。家庭は基本的にリラックスの場所なので、小さな小学校にならないよう注意が必要です。

2つめは、大人が先走らない、ということです。子どもが興味を持っていないのに、「ほら、こっち見て!」「やるよ!」と大人が意気込むと、それだけで子どもはうんざりしてしまうことが多いもの。子どもがまず興味を持てるように、大人はきっかけになる物語を紹介するなど、大人がその分野を好きになりワクワクしている姿を見せるのも素敵な関わりです。興味を持ったお子さんと一緒に博物館に行ったり、図鑑を見るだけでも十分です。

子どもが一人なら、ママ・パパがお友だちのようになってあげてください。ワクワクは伝染するもの。大人が心の底から「おもしろい!」と思う熱量で、子どもがまだ出会えていない世界に目を向けてあげられたらよいですね。

生物

グレートストーリー②『命の始まりの物語』
地球上の生命を学ぶ「生物」
「生命のタイムライン」で命の繋がりを知る
小学校6年間で学ぶ「生物」について

①「生命のタイムライン」をたどる
②「動物質問カード」で生態を学ぶ
③「生物研究」を創作活動やアートに繋げる

命の始まりの物語
生命が地球にやってくるまでのお話

地球が生まれた後のこと太陽は思いました
ああなんて美しいいんだろう
太陽
地球

あ〜きれい毎日見ていられる

ある日
んっっ?!

ザー
地球に雨降りすぎじゃない？

ザー
雨が岩を溶かして
海に岩の中の塩やミネラルが流れ込む

水さん！
海が塩とミネラルでいっぱいになっています！
大丈夫ですか!?
えっ!?
ぎっしり
海

水は答えました
私がしていることは法則に従うことです
例えば熱くなると消えるとか上から下へ流れていくとか
空気に動かされて動き
穴やくぼみを見つけたら入らなきゃいけない
だから空気の所へ行って話してくださいよ
あ・はい…
そこで
水はあなたが問題と関係してると言ってるの
えっ!!
空気

おいらは毛布みたいに地球をおおう仕事を与えられて
えっへん
大変なんだ〜
山が高いとおおうのもひと苦労
うーん
うーん
でもおいらを困らせるやつがいるぜ…
それは岩!!
岩による空気へのじゃま行為
・通してくれない
・動かない
すーん

ハァハァ
時々
超熱い！
だから
悪いの岩!!
岩の所に
行って
話してくれ～
ギャー
ガタガタ
時々
超冷たい！
…えーと
岩…岩っと
はぁ…
…という事で
あなたのせいで
地球がおかしく
なってるの？
……

オレたちは
座っている
以外
何もしていない
のだ
でで一ん!
太陽さん
あなたが上で
輝くから
熱くなってるの

う一ん
…
ハァ

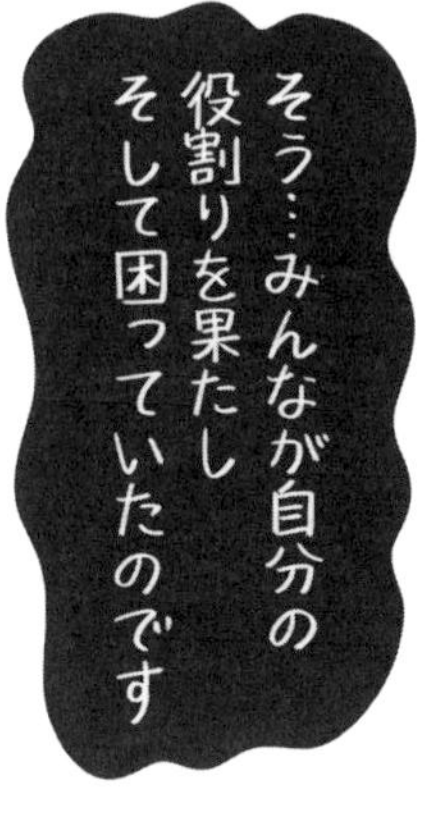
そう…みんなが自分の
役割りを果たし
そして困っていたのです

地球に秩序を
取り戻すために
何か他のものを
生む必要が
ありました

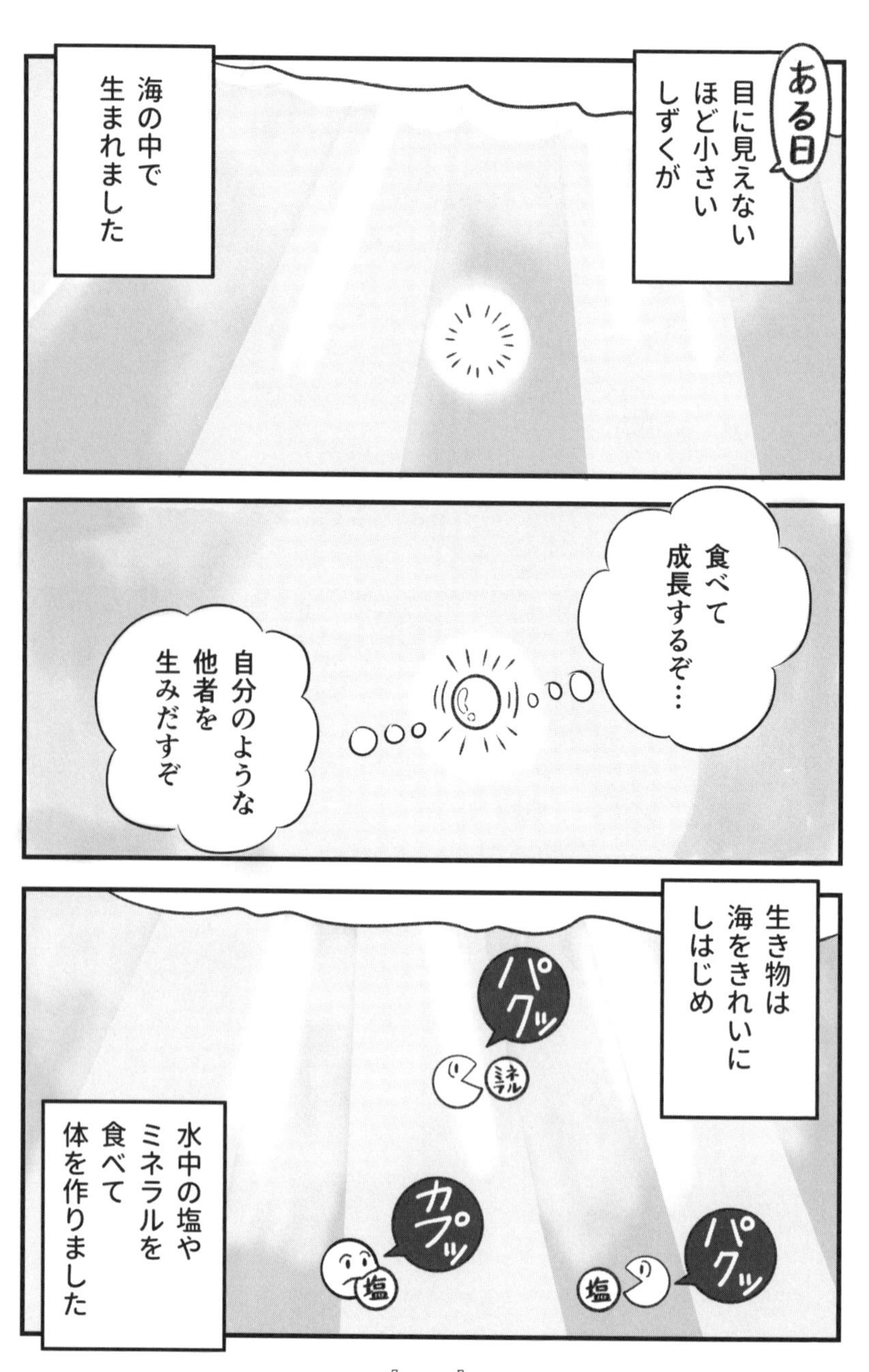
ある日
目に見えないほど小さいしずくが
海の中で生まれました
食べて成長するぞ…
自分のような他者を生みだすぞ
生き物は海をきれいにしはじめ
パクッ
ミネラル
水中の塩やミネラルを食べて体を作りました
カプッ
塩
パクッ
塩

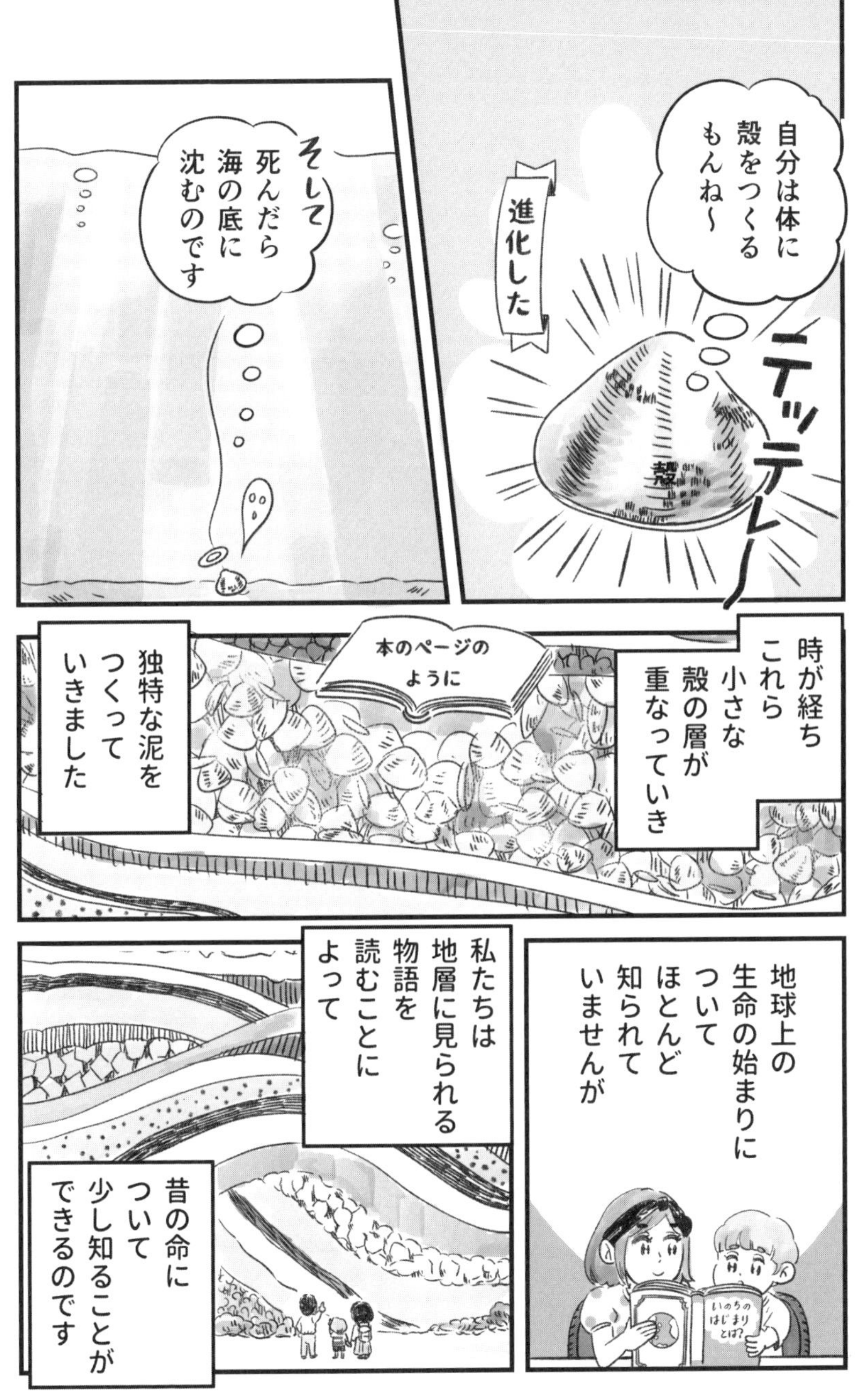
自分は体に
殻をつくる
もんね～
進化した
テッテレー
殻
そして
死んだら
海の底に
沈むのです
時が経ち
これら
小さな
殻の層が
重なっていき
本のページの
ように
独特な泥を
つくって
いきました
地球上の
生命の始まりに
ついて
ほとんど
知られて
いませんが
いのちの
はじまり
とは？
私たちは
地層に見られる
物語を
読むことに
よって
昔の命に
ついて
少し知ることが
できるのです

地球上の生命を学ぶ「生物」

モンテッソーリ小学校の「生物」は、地球上の生命について学ぶ分野です。

モンテッソーリは、地球が提供する水やミネラルから生命を得た動植物には、宇宙的な使命があると言いました。それは例えば、水や空気をきれいに保ち、土を守ることなど。循環を助け、地球に恩返しするのです。

グレートストーリー②の『命の始まりの物語』でも、地球上のあらゆるものにそれぞれの役割があることを学びます。

「生命のタイムライン」で命の繋がりを知る

物語を子どもたちに話したあと、教師は「地球に生命が誕生した経緯」について紹介します。このとき見せるのが「生命のタイムライン」です。

教師がこれを見せるのは、子どもに「時代を超えて繋がる生命の歴史」を感じてほしいから。子どもたちは、どのようにして生物が進化したのか、タイムラインに沿って確認していきます。

教師は、端を丸めてある「生命のタイムライン」を、冒頭から少しずつ開きながら、こんなことを話していきます。

「この前、『命の始まり』のお話をしたけど、覚えてるかな？　海は塩やミネラルだらけになったけど、やがて小さな命の粒が現れて、海をきれいにしてくれたよね。今日は、『生きもの』のお話をします。命は最初、小さな粒として始まりました。さぁ、ここにはどんな生きものがいるのかな……」

そして、タイムラインに描かれているアメーバや鞭毛虫類の絵を見せるのです。

「生命のタイムライン」を見る子どもたち

先生はまず広い視野で全体像を見せますが、「カンブリア紀には、こんな生物がいたよ」「オルドビス紀には……」と時代ごとに説明することもありますし、三葉虫などのひとつの生物が時代をまたいでどのように進化し消えていったかをお話しすることもあります。

タイムラインのどこに興味を持つかは子どもによってさまざまです。すべての生きものが描かれているわけではないので、発展のさせ方は千差万別です。

小学校6年間で学ぶ「生物」について

「生命のタイムライン」は、途中で「植物」と「動物」に大きく分かれます。

モンテッソーリの小学校教育では、植物は生物界における「生産者」となり、動物は生きるために他の生物を食べる「消費者」となったことも伝えます。モンテッソーリ教育の「生物」では、この視点に軸足を置いて、主に**「植物学」と「動物学」を学ぶ**のが特徴です。

生物の進化をベースに、6年間で次のようなことを学びます。

［生物の内容例］

●命の始まりの物語……生命は地球上に常に存在していたわけではなく、新たなバランスをもたらすためにやってきたことを紹介する
●生命のタイムライン……時間を通しての生命の進歩の印象を得る

【植物学】

●植物とその生長部分……植物が必要とするもの／葉・根・茎の部分名称と働きや特徴について
●植物とその生殖器官……花の部分名称とさまざまな働き／果実・種について
●植物の簡単な分類……植物の特徴に応じて分類／多様な植物の適応について

【動物学】

●動物物語……動物のイラストカードを見ながら、違いを学ぶ
●質問と答えのゲーム……質問カードで、動物に関する知識を整理する方法を学ぶ
●体の機能……5つの種類の脊椎動物の紹介

●人体……………人類について／人体のシステム（細胞、視覚などの感覚システム）／生殖システムと遺伝について

●動物界分類体系……植物界分類と動物界分類システム

●サイクルと生態系……生態系の概念と食物連鎖

●相互依存関係図……この世界のすべてのものの間に存在するバランスを理解。エコロジーの感覚を養う

モンテッソーリが「生物」全体を通じて、子どもたちに感じてほしいと願ったのは、**地球にはさまざまな生物がいて、その全てが関連しあって生きている、**ということです。

世界は人間のためだけにあるのではありません。今よりもっと大きな視野で世界を見つめて、「みんなで幸せになるために、自分に何ができるのか」と考えるきっかけになるのが、モンテッソーリ小学校の「生物」です。

さまざまな生物の生態やしくみを学ぶことで、生命に対する愛と好奇心を一生持ち続けてもらえるように、モンテッソーリ小学校では、教師は子どもたちと一緒に、次のような活動を行います。

活動❶「生命のタイムライン」をたどる

『命の始まりの物語』を子どもたちに話した後、先生は「生命のタイムライン」を見せながら、生命の進化の歴史を紹介します。

ここでは、今も生きている生物だけではなく、かつて存在した生物について、また、命が海から始まった事実や、植物と動物との分化についても学びます。

さらに、進化の過程から見ると、人間がいかに新しい生き物かを学びます。

体験Ⅰ「生命のタイムライン」は、一枚の紙で示すので巻物のようになっています。これを冒頭から、時代ごとに、少しずつクルクルと開いていき、古代生物であるアメーバの発生から、人間の誕生までを伝えます。すべての生き物について説明するわけではなく、先生がその生き物の面白さを語れるもの、あるいは、子どもが興味を持ちそうなものを選んで語ります。

体験II 全体について話し終えた後、また別の機会に、先生が特定の時代や生物について語ることもあります。例えば、「シルル紀の海には、『ウミユリ』っていう、こんな生物がいたよ。茎やお花みたいな部分があって、植物みたいに見えるけど、実は動物です!」とか、「タイムラインには描かれていないけど、カンブリア紀にはアノマロカリスっていう生き物もいて、ものすごく目がよくて、狩りが上手だったんだって」など。ワクワクするような事実を伝えて、子どもの興味を掻き立てます。

するとと、興味を持った子どもは、気になったことを、自分で調べ始めます。

化石発掘体験ができる場所で採取してきた土から、化石を探す

おうちでもできること

- 生命の歴史を伝えてくれる同様の絵本、書籍、図鑑、ポスターなど、市販されているものを、お子さんと一緒に見てみましょう。
- 大人が先に古生物や動植物について調べて、気になったものや、お子さんが興味を持ちそうなものについて、「知ってた？　こんな面白い生き物がいるんだって」と、その面白さを語ってあげましょう。
- 子どもが興味を持ちそうな、特定の時代や、特定の生物について、一緒にくわしく調べてみましょう。博物館や化石発掘などに行って専門家に話を聞いてみましょう。

活動❷「動物質問カード」で生態を学ぶ

「動物質問カード」という教具には、動物についての質問が書かれています。

例えば、「どんなところで生きていますか？」「どんな気候で生きていますか？」「何を食べますか？」「どうやって動きますか？」「どうやって子どもを残しますか？」「どうやって子どもの面倒をみますか？」「人間にとってどう思われていますか？」など。これらの質問が、動物の知識を整理する際の「枠組み」となります。

体験 子どもたちには、「ニシゴリラ」「リュウキュウムラサキ」など、自分で選んだ動物について、調べるように誘います。子どもたちは、カードに書かれた質問に答えるために、図鑑などで調べることで、動物に関する知識を自ら広げていきます。この活動を通じて、子どもたちは「動物には同じニーズ（例えば「食べたい」など）があるけれど、それを満たす方法は異なる」ことに気づき、それぞれの性質や行動の違いについて考えるきっかけにもなります。カードに書かれた以外の質問を考えても、もちろんOKです。

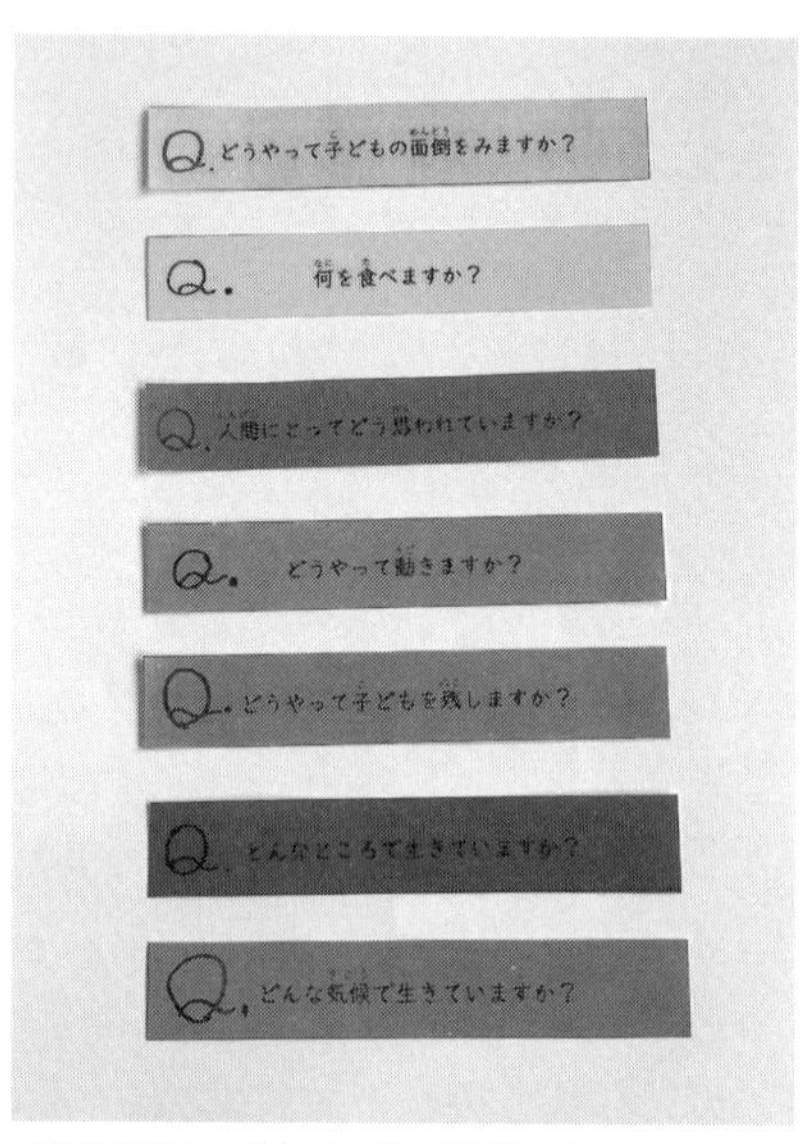

「動物質問カード」で、調べる枠組みを知る

リュウキュウムラサキのリサーチをする子どもたち

リュウグウノツカイの
リサーチの発表をする
子どもたち

「動物質問カード」のレッスンの後に、何人かで組になってリサーチが始まることがあります。まずは何について調べたいかを友だちと話し合って決めます。そして、一つひとつの質問の答えを、本や図鑑などで時間をかけて調べていきます。

すぐに終わることではないので、数ヶ月かかけて、コツコツしあげていきます。このとき、ポスターを書いたり、絵を描いたり工作したりもします。友だちと協力して、一緒に努力し、乗り越えて成長する姿が見られます。

リサーチができあがると、希望者はみんなの前で発表します。ドキドキしながらも発表を終えた子どもは「やりきった！」という晴れやかな表情になることが多いです。

おうちでもできること

●子どもの好きな生き物を1つ選び、まずは一緒に、生き物について調べてみましょう。

その際は、88ページの質問カードを参考にして調べてみてもよいでしょう。

活動❸「生物研究」を創作活動やアートに繋げる

「生物」で扱うあらゆる生き物は、アートの題材に適しています。ある子どもは大好きな犬やトラの絵を描いてみたいと思うかもしれませんし、別の子は古生物や深海生物をぬいぐるみにしたいと思うかもしれません。なぜなら、人間には「手を使って本当の仕事をしたい」「自己表現したい」といった傾向性も備わっているからです。

体験 モンテッソーリ・ファームの私のクラスでは、「生物」でリサーチしたことを表現するために、絵を描く子どもや、模型をつくりたがる子どももいます。「描きたい」「つくりたい」と思ったときにすぐに取りかかれるよう、先生はさまざまな色の鉛筆やペン、図鑑や粘土、裁縫道具などを用意しておきます。また、他の人の過去の作品を見せて、表現したい意欲を刺激することもあります。

おうちでもできること

- 幼児期に顕著な運動の敏感期は過ぎたとしても、小学生も「手を使って表現したい！」と強く思っています。忙しい小学生にこそ、そういうことに取り組む時間をつくってあげてほしいと思います。生物学では、動物・植物など題材がたくさん見つかります。
- 鉛筆、色鉛筆、絵の具、カラーペン等、さまざまな筆記用具を使って、生物の絵を描いてみてもよいでしょう（マンガ調ではなく、よく観察し正確にリアルに描いてみましょう）。
- 紙や布や粘土で、立体的な模型をつくってみてもよいでしょう。

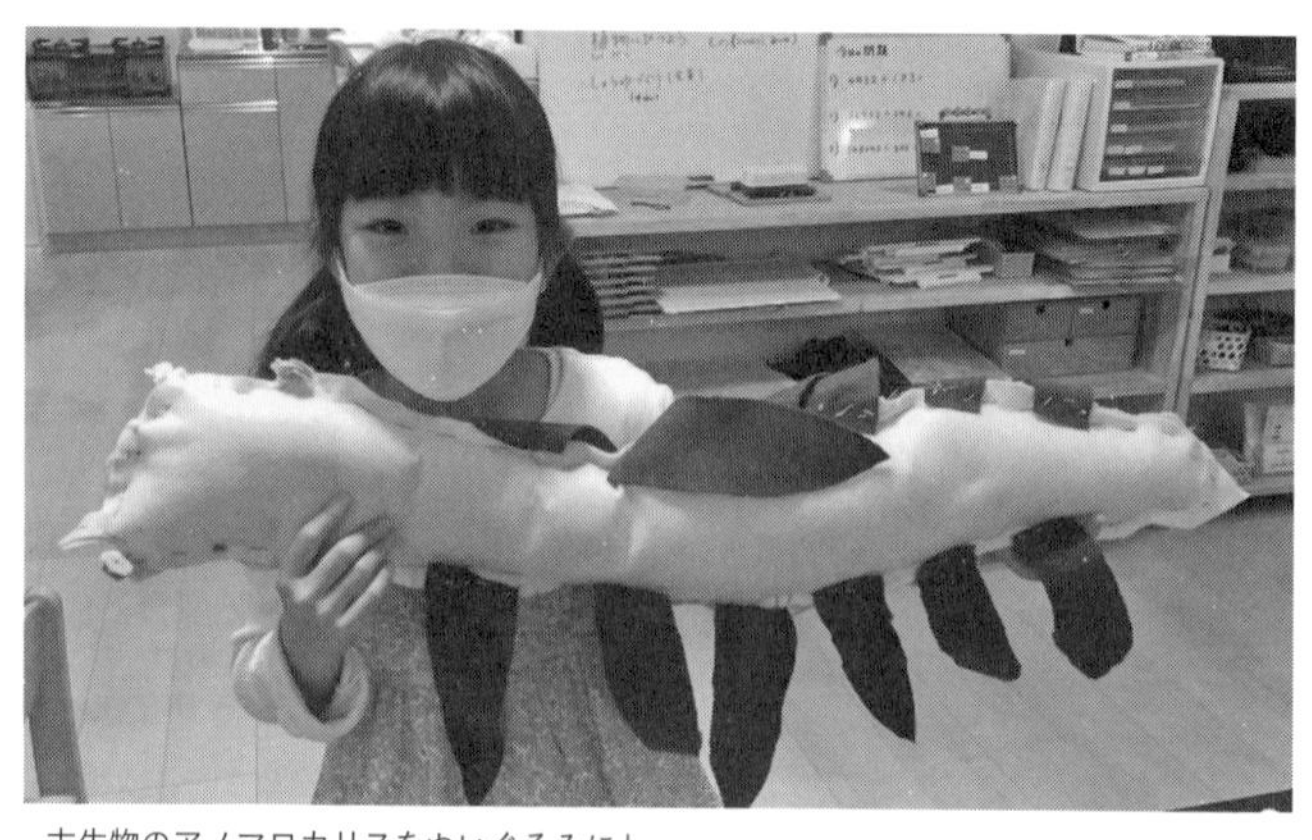

古生物のアノマロカリスをぬいぐるみに！

歴史

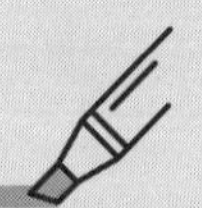

グレートストーリー③『人間の始まりの物語』

先人に感謝し、謙虚で前向きな心を育む「歴史」
小学校6年間で学ぶ「歴史」について
「名もなきヒーロー」にも焦点を当てる

①「人間のタイムライン」を学ぶ
②「人間になくてはならないもの」を学ぶ
③大人が「物語」をつくって語る

人間の始まりの物語

人類は他に多くの生き物…植物や動物の後に地球に現れました

でも我々
人間は
すごかった
まず
二足歩行
できることで
両手が自由に
なった！
だからこんな
小さいものでも
つまめちゃう
もんね
この手が1つめの
人間へのおくりもの
親指サイコー！
君もすばらしい
手があるから
こそ
何でも
できちゃう
でしょう？
針に糸を
通したり
運転したり
とかね
トン
トン

そして
次に人間が
すごい点
2つめのおくりもの

大きくて
複雑な
脳!

大きな脳の
おかげで
考えることが
できます
なぜ
雨は降るのか?
なぜ
太陽は沈むのか?

疑問の答えを
想像し
理由を
見つけて
きました

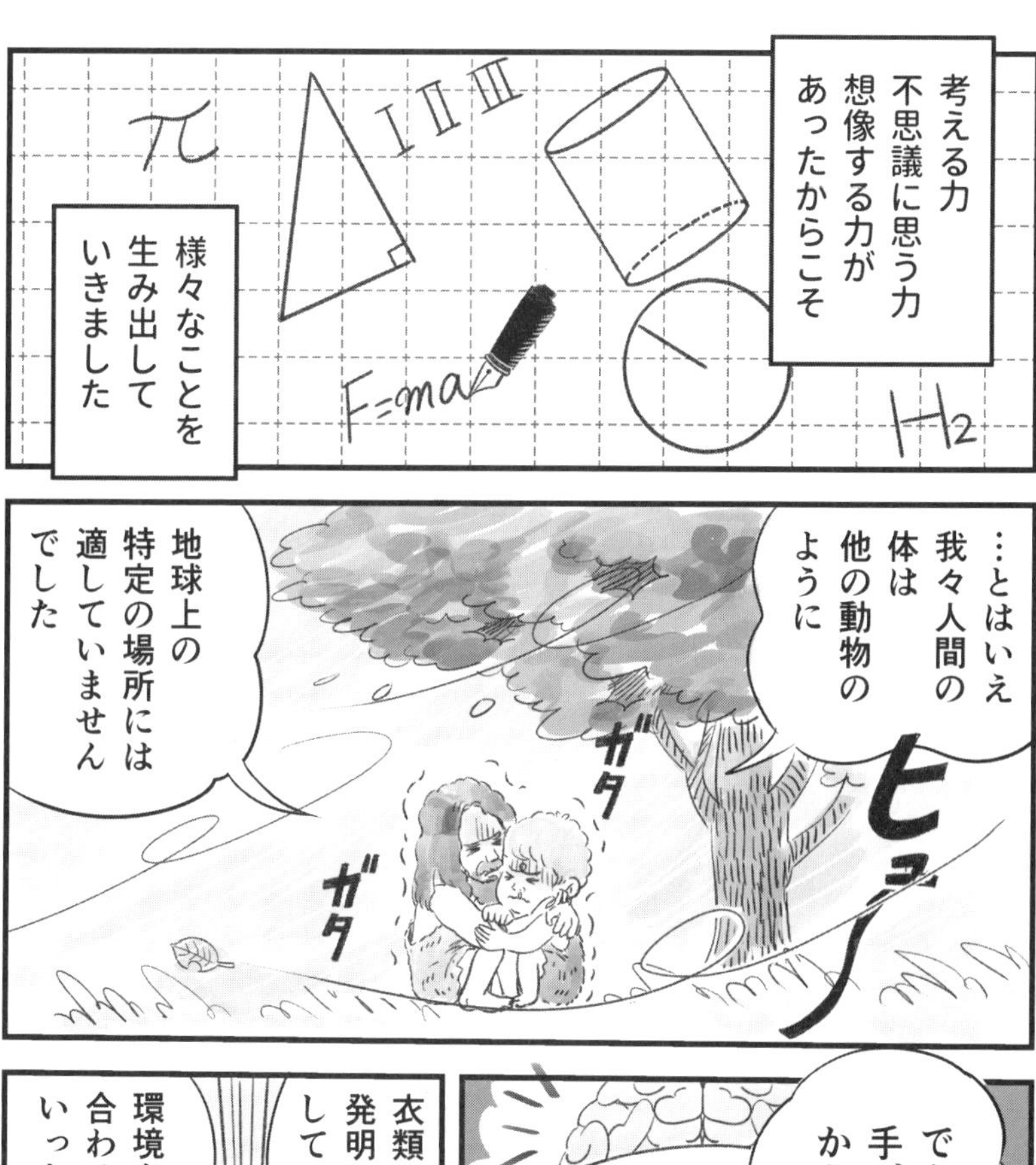
考える力
不思議に思う力
想像する力が
あったからこそ
様々なことを
生み出して
いきました
F=ma
…とはいえ
我々人間の
体は
他の動物の
ように
ヒュー
ガタ
ガタ
地球上の
特定の場所には
適していません
でした

でも脳と
手があった
からこそ

衣類や家を
発明したり
して
環境を自分に
合わせて
いったんだよ！
ぴょん

すごいよね～
どこでも
生きちゃうんだ
人間は
環境を
自分たちに合わせる人々

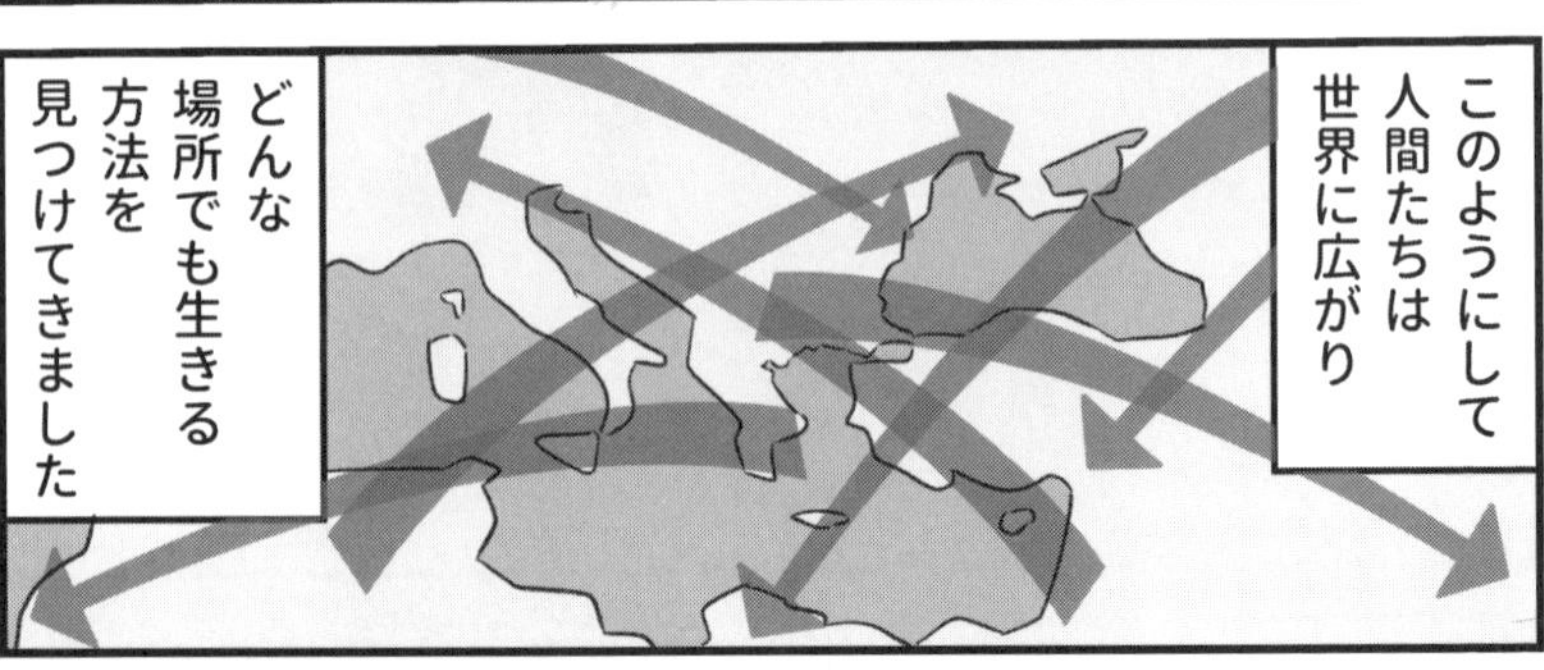
このようにして
人間たちは
世界に広がり
どんな
場所でも生きる
方法を
見つけてきました

そして
人間への
3つめの
おくりもの
愛することが
できること!!
LOVE

動物だって仲間を愛することはできるよ…
ヒョイ
でも…人間の愛は
特別な種類の愛なんだ!!
バーン!!
身近な人への愛はもちろん
知らない他人を愛し気づかうこともできるよ!
大丈夫ですか!?
人間の「手」
「脳」
「愛」これはすばらしいおくりものなんだね

人間の物語は
はるか昔
地球上で
始まりました

人々は
世界中を
旅し

自分たちの
冒険について
火の明かりを
囲んで
語りました

洞窟の壁
粘土板や
巻物に
自分たちの
人生の物語を
描き留めました

古代の王や女王の人生
偉大な英雄たちの冒険
よろいを着た騎士
宇宙を旅した人間たち
美しい曲をかいた音楽家

人間が地球上に現れてから
これまで何が起こったか
私たちの知るべきことはたくさんあります
パアアアアア
それはまた別の日のお話…

先人に感謝し、謙虚で前向きな心を育む「歴史」

モンテッソーリは、「歴史とは、私たちより先に来た人たちの人生の物語だ」と考えていました。

事実、先人が遺してくれたすばらしい遺産を受け継ぎ、今の私たちは暮らしています。「過去にこんなにたくさんのことをしてくれた人たちがいるんだ！　それに感謝しながら、自分も未来を歩んで行こう！」。そんな謙虚で前向きな姿勢が、モンテッソーリ教育の「歴史」のベースにある考え方です。

そして、歴史は人間だけにあるのではありません。この宇宙の全てに歴史があります。モンテッソーリ小学校では、「人間の歴史」からではなく「地球の歴史」から学び始めることで、「人間なんて、地球の長い歴史から見たら、新参者なんだ。**謙虚になって、地球の自然や環境を守っていこう！」という意識を育んでいく助けになります。**

小学校6年間で学ぶ「歴史」について

では、どんな学びを通じて、子どもたちの謙虚で前向きな姿勢を育んでいくのでしょう？

モンテッソーリ小学校では、主に次のようなことに注目して、教師が子どもたちを導きます。

［歴史の内容例］

【自然史】

- **黒い帯**……………地球の誕生から現在までの長さを、30メートルの長布で体験
- **時代の時計**…………地球→生命→人類誕生までの時間を12時間に換算して体験

【人類史】

- **人間の始まりの物語**……地球上に出現した人類について学び、人類への関心を高める
- **人間のタイムライン**……人類の進化について絵巻物で見る
- **手のタイムライン**……人類が手を使い始め、道具や文字を使うまでを黒い絵巻物で体験

●**歴史のフェーズ**……遊牧民・農業・都市の各段階について
●**文明**……最初の文明が出現した地理的地域／文明の興亡について
●**移住**……人々がさまざまな理由で移住してきたことについてチャートで知る
●**自国のタイムライン**……自国の歴史についてのタイムライン
●**人間の基本的なニーズ**…人間に共通する「物質的」「精神的」欲求について
●**時間**……時計・曜日・月・時間について

この内容を見ていただくとわかる通り、地球史や生物史についても学びますが、メインはやはり人類史を学ぶこと。そうすることで、子どもたちの過去の人間への興味・関心・尊敬や感謝の気持ちを高めることが目的です。

「名もなきヒーロー」にも焦点を当てる

ただし、人類史とはいっても、日本の一般的な歴史教育のように、年号を覚えることを重要視しないのが、モンテッソーリ小学校の歴史の特徴です。

日本では、「1192つくろう鎌倉幕府」などと年号を覚えましたよね（2006年頃からは、1185に改定になっているそうです）。ただ、その年号は覚えていても、誰が何のために鎌倉幕府をつくったのか、そこにどんな意味があったのかまで、覚えている方は少ないと思います。

しかし、モンテッソーリ小学校では、**年号ではなく、「誰が、どうして、なんのために」といった点を理解することを重要視**します。モンテッソーリ小学校では、例えば「鎌倉時代」に興味を持った子どもがいたとしたら、その子は「源頼朝がどんな人だったのか」「なぜ鎌倉に幕府をつくったのか」「その時代の食べ物や住まいとは？」など、興味のあることを時間をかけてトコトン調べます。その子がさらに興味を持てば、その時代には他にどんな人たちがいて、どんな文化が流行していたかなどについても、自由にリサーチするなど、学びを終わりなくどこまでも深められます。

あるいは、先生が「名もなきヒーロー」に焦点を当てて、子どもが気がつかない歴史への関心を呼び覚ますこともあります。

例えば、「人類で初めに火をおこした人って、どんな人だと思う？」「最初に日本列島に移住してきたのはどんな人たちだったんだろう？」「牛肉を最初に食べた日本人は？」「今、私たちが使っている鉛筆をつくってくれたのは、どこの誰なんだろう？」など。

それを最初に始めたのは誰か、これを最初につくってくれたのは誰か。それをやってのけた「名もなき英雄（ヒーロー）」の存在を知ると、子どもたちは、今の自分たちが享受しているものは、過去の多くの人々の貢献によるものだと気づきます。さらに、時代も国も超えた人間の繋がりを感じられるようになります。

そうした学びの積み重ねから、子どもたちは「人間という共同体の一人として、自分はどう生きればいいのか」を、自発的に考えるようになっていきます。

子どもたちは、自分が気になることについて調査をしたら、調べた内容を、冊子やチャート、ポスターなどにまとめて学びを深めます。

一般的な小学校のような教科書もなければ、テストもありませんが、子どもたちは自分が興味のあることを自分なりに一生懸命に調べて、調査結果を思い思いの形でまとめあげていきます。

活動❶「人間のタイムライン」を学ぶ

クラスでは、グレートストーリー③『人間の始まりの物語』をお話ししてから、人間の発達の全貌を知るために、「人間のタイムライン」という教具を見ていきます。人間の発達の全貌を知ることで、初期の人間がしてきたことに興味を持ってもらうためです。

初期の人類は、狩猟のための武器を開発したり、火を使って調理を始めたり、獲物の皮をなめして衣類をつくったり、安全な場所に移住して農業を始めたり……など、少ない人数で、多くのことを成し遂げてきました。

初期の人間のすぐれた創造力や行動力を知ると、先人に感謝する心が育ちます。テストのための勉強ではなく、人間のすごさに気づくための活動です。

体験「人間のタイムライン」を見ながら、人間の歴史を見て行きます。人間が地球上に現れて、裸で木の実や生肉を食べていたことから始まり、火の発見、火のおこし方、徐々に文明を築いてきたことなどを、時の流れに沿って、長い絵巻物で紹介します。

私のクラスでは、人間のタイムラインの中に出てくる「火をおこす人間」に興味をもった子どもたちが、火おこしにはまりました。通常のレッスンでは、両手をこすり合わせると手のひらが熱くなることを体験するだけですが、モンテッソーリ・ファームでは実際に火おこしをすることにしました。

　子どもたちは、紐を使って火おこしする「ひもぎり式」という方法で、努力して何度も火をおこしました。火がつく瞬間のワクワクや、昔の人が火を手に入れることがいかに大

［上］「人間のタイムライン」を見て摩擦熱を体験
［下］二人一組で火おこしを行う「ひもぎり式」を体験中

変だったかを感じたようです。

すっかりはまった子どもたちは、さらにさまざまな火おこし法について調べて、発表もしました。

おうちでもできること

●人類の歴史についての絵本などを、お子さんと一緒に見ながら、火をおこす方法を発見した人や、機（はた）を織って衣服をつくり始めた人など、名もなきヒーローにスポットを当てて話してみましょう。オススメの絵本は、加古里子（さとし）著の『人間』（福音館書店）です。人間の歴史がとても丁寧に描かれています。

ピックアップ

活動❷ 「人間になくてはならないもの」を学ぶ

モンテッソーリ小学校の歴史教育の中で、子どもたちは「全ての人間は、特定の基本的なニーズを共有している」という考えに出会います。

基本的なニーズとは「物質的なニーズ」と、「精神的なニーズ」の2つ。

「物質的なニーズ」は、「住まい／移動の手段／衣類／栄養」など。

「精神的なニーズ」は、「信じるもの（宗教）／おしゃれ／文化、アート」など。

人間は、どちらか一方だけでは生きていけません。両方が必要になるということを、人間の基本的なニーズの歴史からひもときます。

体験 先生は、すべての人間が特定の基本的なニーズを共有していることを、子どもたちに伝えます。また、基本的ニーズには「物質的」「精神的」なものがある

子どもたちが制作した「物質的・精神的」に必要なもののチャート

ことを伝え、それぞれについて、子どもたちは興味を持った事柄の歴史を調べます。子どもたちは調べた内容を、チャートや冊子にしてまとめることもあります。

おうちでもできること

特定の時代の人間が必要とした「物質的」「精神的」なものを、本などで調べてみましょう。「縄文時代」「戦国時代」などは興味を持つ子が多いようですので、オススメです。「その頃の人は、どんな場所に住んでいた?」「何を着ていた?」「何を食べていた?」「何を信仰していた?」など、物質的・精神的なさまざまなニーズについて調べてみてもよいですね。博物館にはよくこういうことに答えてくれるような展示があります。

活動❸ 大人が「物語」をつくって語る

モンテッソーリ教育では、良い先生は「良い物語の語り手(ストーリーテラー)」と言われています。子どものワクワクを喚起するお話を、いかに上手にできるか。それが先生の腕の見せどころです。

そのため、先生は普段からあらゆる分野に興味を持つことを心がけ、興味を持ったことを、くわしく調べておきます。子どもたちが「何それ、知りたい！」と興味を持ってくれそうなことのネタを、普段から探しておくように努力することが大切です。

体験 先生は、子どもたちが興味を持ちそうな内容について、5～10分程度の物語にまとめて、話します。例えば、「〇君が大好きなけん玉って、誰がつくったか知ってる？もともとはフランスからやって来て……」という具合です。写真やイラストを見せながらお話しすることもあります。

先生はスムーズにお話しできるように、事前に練習しておきます。お話を物語にまとめるときは、子どもがワクワクするような事実や歴史を盛り込むようにします。先生のお話で興味を持った子どもは、気になった事柄について、自分で調べ始めることもあります。

おうちでもできること

●もし、話すのが得意だと感じるママやパパがいたら、子どもの興味を掻き立てる「ストーリーテラー」になってみましょう。子どもが興味を持ちそうなことや、自分が「面白い！」と思っている事柄について、くわしく調べて、5分程度の物語にまとめます。必要なら、イラストや写真を用意して、それを見せながら、お子さんに話してみましょう。

●物語の内容は、空想ではなく、事実に基づくものを選びます。例えば、「種なし果物はどこから来たか知ってる？」「この古生物が生きていた時代って、どんなだったと思う？」「パソコンの発明者って誰か知ってる？」「北半球から南半球へ初めて航海したとき、どんな

熱心に先生の話す物語を聞く子どもたち

ことがあったと思う？」「レオナルド・ダ・ヴィンチって、どんな人だったのかな？」など。

なお、物語を語る際は、マンガやアニメ、ゲームのキャラクターなどの空想に基づくものについて語るのはオススメしません。

なぜなら、児童期の子どもたちは、実際に生きた人や生物の物語を知ることで歴史を探究し、その偉大な力に感動します。子どもたちは、人や生物のリアルな歴史を知ることで、本物の文化を獲得したいのです！

「なぜ？」「どうして？」を熱烈に知りたがる児童期に、空想ではなく、事実についてじっくり考えることで、子どもたちは現実を理解し、現実を生き抜くためにはどんな力が必要かを、自分自身で考えられるようになります。

創りものの世界を楽しむことは、もう少し大人になってからでも十分にできます。

しかし、宇宙の全てを知り、地球で本当にあったことを学びたいと熱望するパワーがあるのは、児童期ならではなのです。

言語

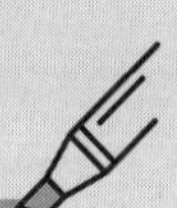

グレートストーリー④『言語(アルファベット)の物語』

あらゆる創造の源となる「言語」

小学校6年間で学ぶ「言語」について

活動

①「日本語の成り立ち」を学ぶ

②「世界の昔の言語」を学ぶ

言語(アルファベット)の物語
ずっと昔
人々が
アルファベットを
つくるまでの
物語
ABC
αβθδ

はるか昔のこと
人々は
ジェスチャーを
使って伝えて
いました
シャリ
おーっ
これは
おいしい

おいしいよ
ニコッ
ありがとう

しかし
ある問題が
……

この池でおいしい魚がとれる…
う～ん
だれかに伝えたいのに近くに人がいない…
みんなに教えたい
絵でメッセージを描こう！
ゴリゴリ
キリッ

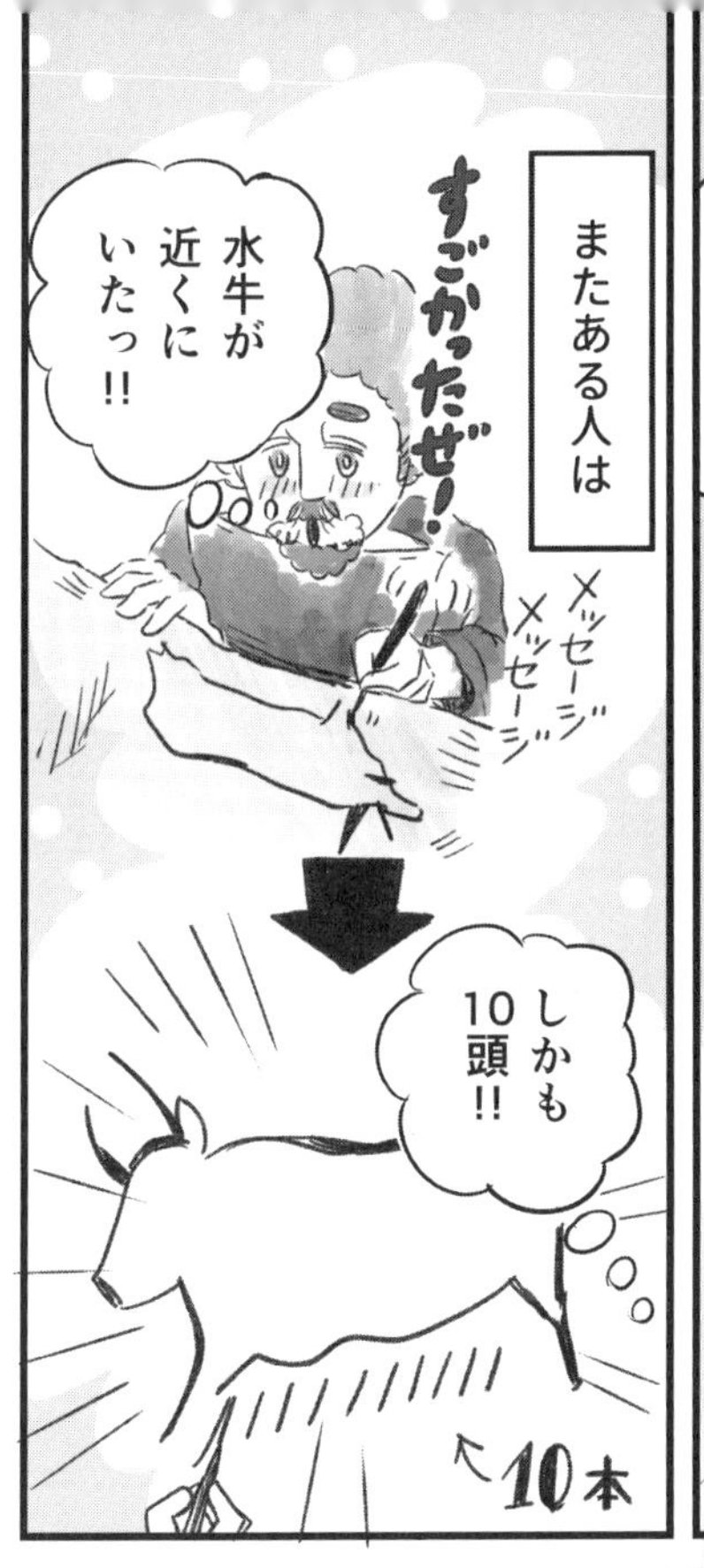
またある人は
すごかったぜ！
水牛が近くにいたっ!!
メッセージメッセージ
しかも10頭!!
10本

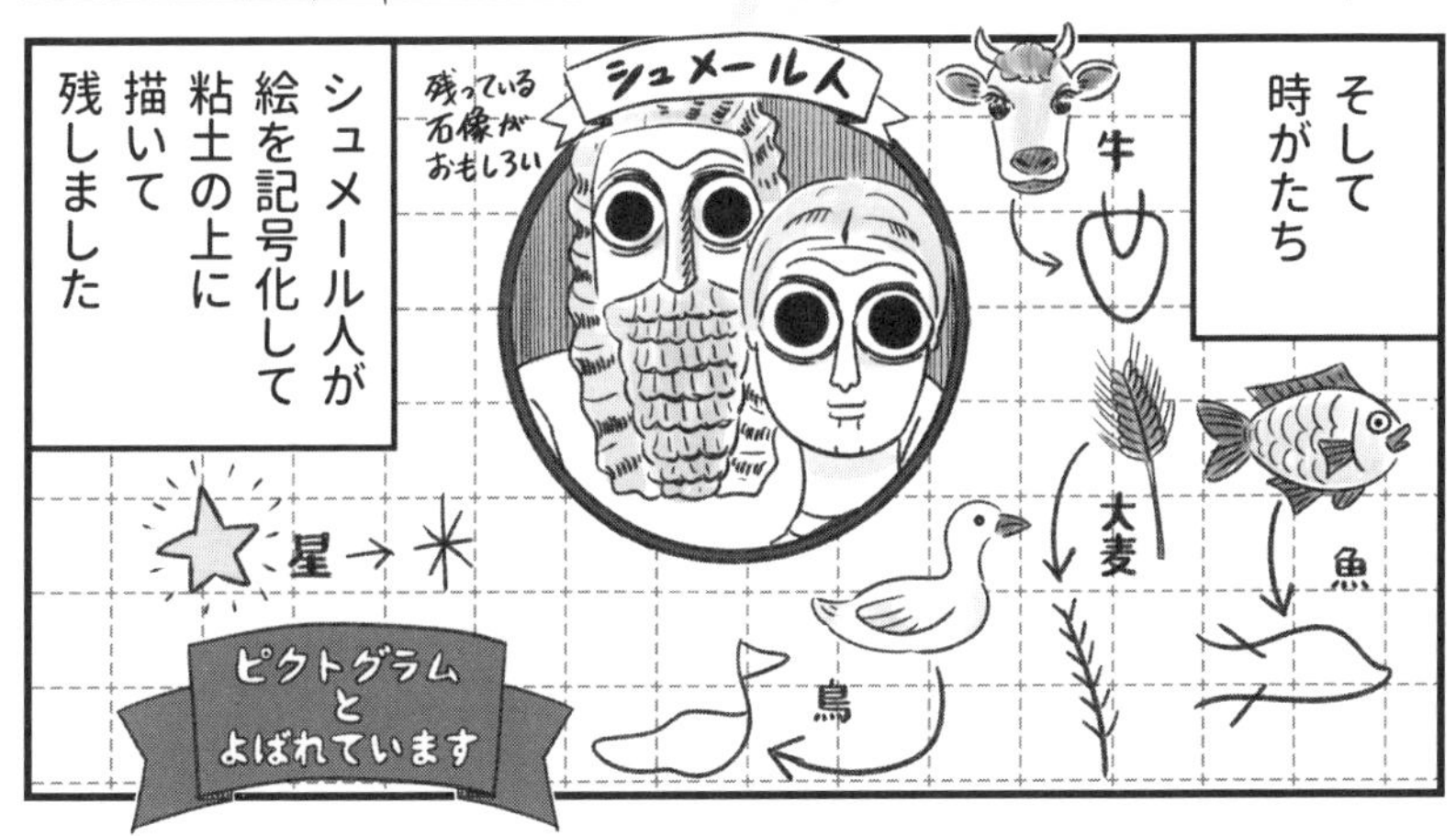
そして時がたち
シュメール人
残っている石像がおもしろい
シュメール人が絵を記号化して粘土の上に描いて残しました
牛
大麦
魚
鳥
星
ピクトグラムとよばれています

そしてさらに後ナイル川のほとりにエジプト文明が栄えました
エジプト人は…
石造りの建物や
ナイル川に生えていたパピルス葦から作った紙に
絵のメッセージを描くようになり
パピルス葦
やがてペンを使って書くようになりました
エジプトの神・メジェドさま
ヒエログリフ
ふふ〜ん
王や王妃のことを書こうっと

最初
エジプト人は
「絵文字」を
使っていました
ワシ
①
それが
特定の意味を
表す「表意文字」に
なり
魂の象徴
②
さらに
特定の音を
表す「音の絵」に
変化
a＝
③
音の絵は
だんだん
シンプルに
なっていき
④
このような
「音の記号」に
なって
いきました
絵文字
表意文字
音の絵
音の記号を
まぜて
使っているよ
わかり
にくいな～
わー
このような
書き方は
混乱を招く
ことが
ありました

所変わって
3千〜4千年前の
フェニキア人と
呼ばれる
別のグループの
人々は
ワイワイ
ワイワイ
地中海
周辺に住み
他の人々に
多くの物を
売って
商売して
いました
う〜ん
取引の記録に
もっと
かんたんな
方法が
必要だ
フェニキア人の
商人
こんなのは
どうかな?
記号のシステムを
考えたよ!
最初のアルファベット
この記号が
音を表すん
だね
バーン!

一方
ギリシャでは
フェニキア人が
生み出した
文字を基に
ここを変えて
これを加えて
自分たち
独自の文字を
作ろう
ワイワイ
ローマでも
これで完成！
基になった
ギリシャの
文字で
最初と二番目の
文字が
アルファと
ベータだから
アルファベートと
よぼう！

読むときもみんながそれぞれの文字を認識し

それを発する音や意味を知っています

物語を読んだり
メッセージを
書いたりする
ときは
いつでも
アルファベットという
すばらしい
おくり物を
ありがとう！
ローマ人
ギリシャ人
フェニキア人
フェニキア人たち
を思い出して
ときには彼らに
「ありがとう」と
言ってみて
ください
さて、では
どうやって
私たちの
使っている
漢字・ひらがな・
カタカナが
できたので
しょうか？
阿→ア
伊→イ
安→あ→あ
それはまた
別の日の
お話！

あらゆる創造の源となる「言語」

400～500万年前、私たちの祖先は話し言葉も書き文字も持っていませんでした。しかし、さまざまな時代、さまざまな場所、さまざまな人間が関わることで、話し言葉や書き文字を洗練させてきました。

もし人間に言語がなければ、知識を蓄えることはできず、あらゆる偉大な物語や作品もつくられることはなかったでしょう。そうしたことが語られるのが、グレートストーリー④『言語（アルファベット）の物語』です。

この物語では、言語をつくりあげた先人への感謝の心を育むとともに、その末に繋がる私たちにも言語を創造し発展させるクリエイティビティが備わっていることを伝えます。

小学校6年間で学ぶ「言語」について

『言語の物語』をお話しした後、先生は「私たちが使っている言葉は、どこから来たんだろう?」「誰が発明したんだろう?」「アルファベットだけでなく、漢字やカタカナやひらがなって、どうやってできたのかな？」などと質問して、子どもたちの言語への関心を呼び起こします。

それをきっかけに、子どもたちは、文法を学び、文の構造を理解したり、本や辞典で文字の成り立ちを調べてポスターにまとめたり、学んだ文字を使って物語をつくって冊子にすることもあります。

具体的には、6年間で次のようなことを学びます。

［言語（英語）の内容例］

- **言葉の物語**……………アルファベットができるまでのお話を紹介
- **単語学習**………………接尾辞／単語の語根／接頭語／分類された接尾辞／複合語

【書き言葉】

- **書き言葉の歴史**………書き言葉の歴史
- **品詞**……………………「文法の箱」で品詞を学ぶ
- **文法**……………………名詞（単数・複数形）／冠詞／形容詞／動詞（時制）（自動詞・他

動詞）／前置詞／副詞／代名詞／接続詞／間投詞

●文の分析……主語・述語／目的語／副詞／動詞による単純文の分析／複合文の分析

●句の分析……複雑な文の分析

【話し言葉】

●話し言葉の歴史……話し言葉の物語／英語の物語／英語の進化

●話し言葉……小学生の話し言葉／クラス参加のためのディベートルール

ちなみに、ＡＭＩ（国際モンテッソーリ協会）公認のモンテッソーリ小学校教師養成機関は、２０２３年現在、日本にはなく、アメリカなど海外にしかありません。そこでのメソッドを取り入れているため、日本で行う「言語」教育も、文法などに関しては、外国語（主に英語）での教えがメインになります。

その要素をどのように取り入れて、日本語の文法教育にあてはめていくのか、それは、私やモンテッソーリの小学校教師（エレメンタリーガイド）仲間、そして未来に誕生するであろう日本人のモンテッソーリ小学校教師養成トレーナーの役目となっていくに違いありません。

そうした事情から、本書では文法教育については言及しませんが、言語教育の一環として、私のクラスでは、一日の始まりに一人ひとりが記入する「ジャーナル（一日の学習計画表）」を制作する際に文を書いたり、図鑑などから学んだことを読んで書き写したり、レポートやポスターを作成したりします。

さらに、クラスミーティングや、リサーチの発表会などを通じて、子どもたちは論理的な話し方を身につけます。

そして、常に好奇心旺盛なモンテッソーリ小学校の子どもたちは、とにかくたくさんの本を読みます！　モンテッソーリ小学校では、午前・午後の好きな時間に図書館に行く自由、クラスでの読書時間、さらに放課後も宿題がない代わりに読書が推奨されています。

「日本語の成り立ち」を学ぶ

グレートストーリー④『言語の物語』では、アルファベットがどのようにできたかを話すにとどまりました。

ですから、私のクラスではそのあとに「日本語の書き文字がどのようにできたか」を話して、子どもたちの言語に対する興味を掻き立てます。漢字、ひらがな、カタカナの成り立ちの歴史について、お話しするのです。

体験 ひらがなやカタカナの成り立ちについて語ります。例えば、約2000年前に中国から日本に漢字が伝来したけれど、日本の話し言葉を書き記すには、漢字だけでは不十分だったこと。不足分を補うために、漢字を本来の意味とは切り離して、その音だけを借り、表音文字として使われ始めたのが「万葉仮名」であることなどを伝えます。また、中国での漢字の成り立ちも紹介していきます。

漢字の成り立ちのレッスンの様子

おうちでもできること

子どもたちが何に興味を示すかは人それぞれです。ある子どもは筆ペンで漢字を書くことに夢中になるかもしれませんし、別の子どもは昔の漢字におもしろさを感じたり、あるいは、ひらがなやカタカナの成り立ちに夢中になったりする場合もあります。最初は使っている文字それぞれに「歴史」と「物語」があることを知るだけでも十分です。

文字の成り立ちに子どもが興味を持ったら、次のようなことをやってみてもいいですね。

- 中国の甲骨文字を学び、クイズの本をつくる。

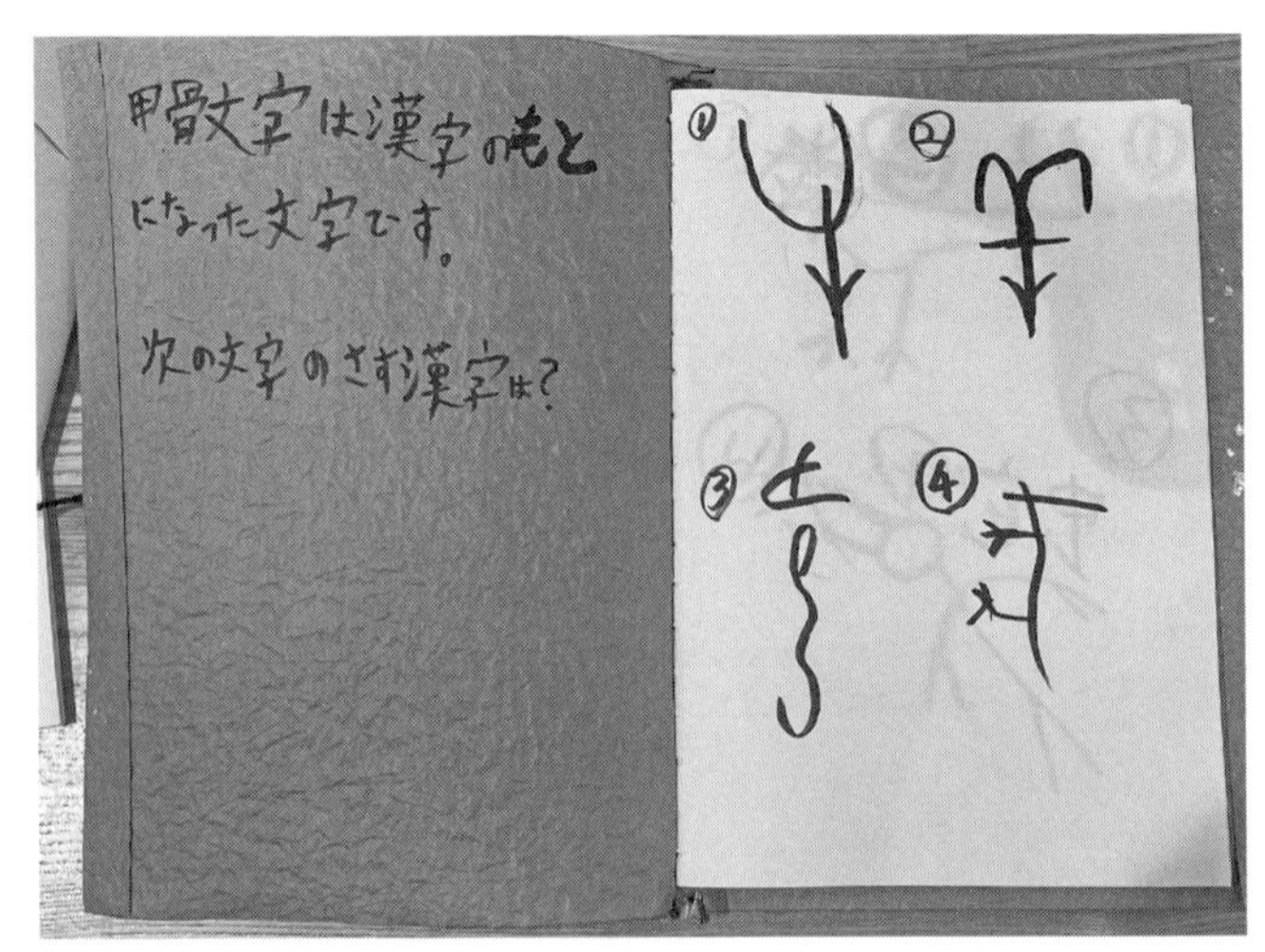

甲骨文字をまとめてクイズにした子どもの活動例

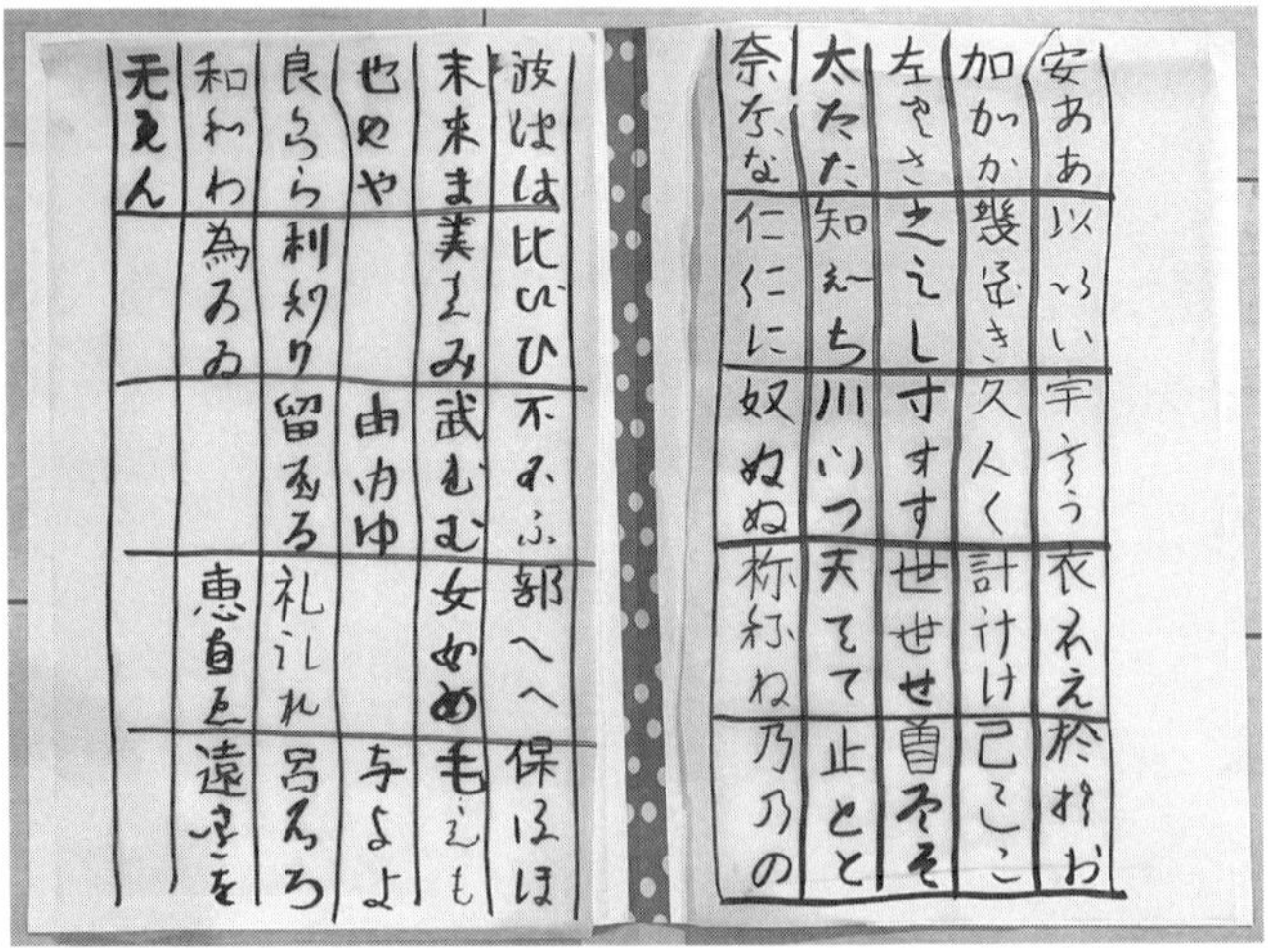

万葉仮名やひらがなの成り立ちについて調べた子どもの活動例

- 漢字に変化した過程を本などから書き写して、ポスターや冊子にする。
- カタカナ、ひらがなの成り立ちや万葉仮名を調べる。
- 日本語の歴史を調べてタイムラインにする（高学年向け）など。
- 参考になる本の例として『白川静文字学に学ぶ　漢字なりたちブック』（全7巻／伊東信夫 著・金子都美絵 絵）、『漢字がたのしくなる本』（ワーク6、テキスト6／宮下久夫 他 著）、『新版　101漢字カルタ』（宮下久夫 他 著）（すべて太郎次郎社エディタス）などがあります。漢字の成り立ちを楽しく学べる教材は、他にもたくさん市販されています。

活動❷「世界の昔の言語」を学ぶ

グレートストーリーには、洞窟壁画を描いた人々、シュメール人、エジプト人、フェニキア人、ギリシャ人、ローマ人など、さまざまな人間たちが登場します。それぞれの「文字」と歴史を深堀りしていくことができます。他にも、くさび形文字などの昔の言語を実際に書いたり読んだりして体験したり、高学年では文明についての研究へと発展させたりすることもあります。

長い紙に自分でヒエログリフを書いて解読する子どもたち

おうちでもできること

インターネットには、現代文を古語（ヒエログリフなど）に変換できるサイトがあります。文字の歴史を学びながらそうしたサイトを見てもよいですね。

また、くさび形文字など子どもが興味を持った昔の言葉を体験してみてもよいでしょう。紙に文章でまとめるだけでなく、実際にくさび形文字の粘土板をつくったり、マンガにしたり、長い巻物にしたりするなど、子どもの興味に合わせていろいろな体験ができます。

その他にも、

- インクとペンで筆記体のカリグラフィーをする。

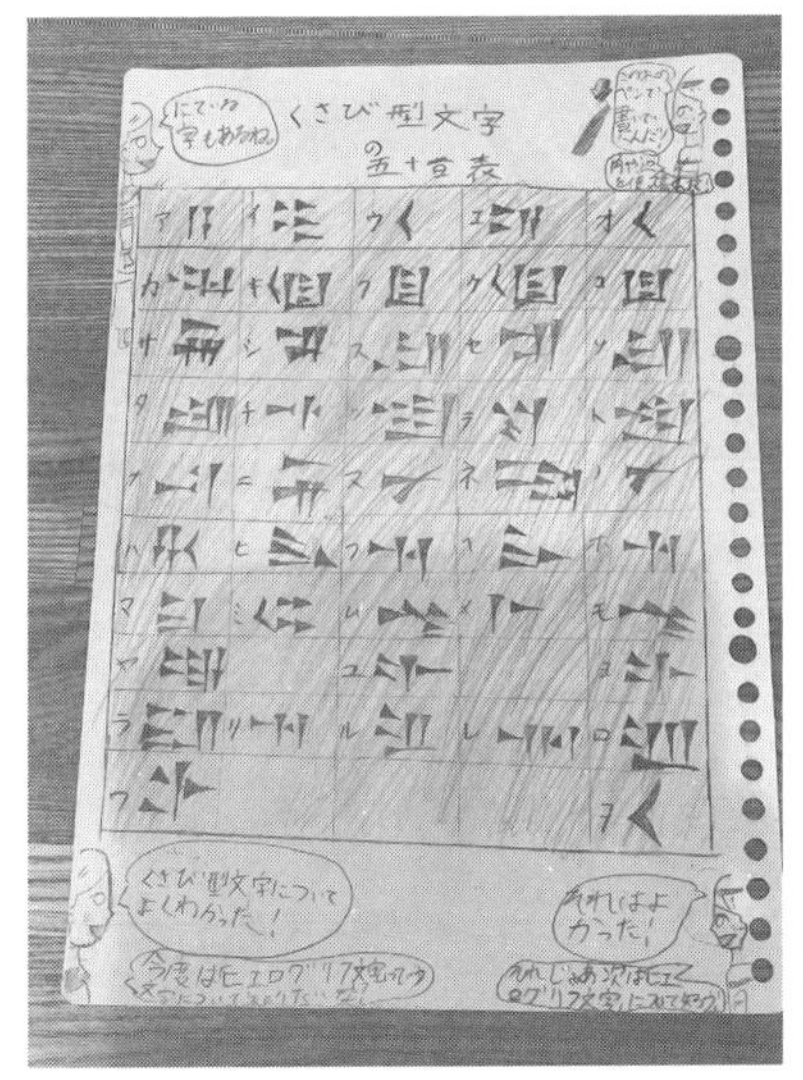

子どもがまとめたくさび形文字の五十音表

子どもが葦で彫った、自分の名前のくさび形文字の粘土板

くさび形文字のことをマンガにした子どもの作品

チャートを見ながら、言語の歴史をまとめる子どもたち

●ロゼッタストーン解読の物語の紹介。
●中〜高学年だったら、「シュメール文明やエジプト文明の研究」「印刷技術の歴史」「紙の歴史」「筆記用具の歴史」「本づくり」など。
子どもの反応によって、大人は歴史教育へと繋げて興味を広げていくことも可能です。

こうした体験を通じて子どもたちが「書くこと」「読むこと」を、人間たちが発明してきたすばらしい行為だと認識して、新たな視点で言語と向き合えていけたら素敵ですね。

文字の歴史の絵本としては、古今東西の文字の変遷がわかる『ずかん　文字』（八杉佳穂 監修／技術評論社）や日本語の変遷がわかる『見て読んでよくわかる！　日本語の歴史！』全4巻（倉島節尚 著／筑摩書房）などがオススメです。

読み書きが苦手なときは?

「言語」は私たちが生きていく上で必要なものであり、学びを進めるための基礎です。読み書きができなくては、どんな分野も学ぶことが難しくなります。ただ、書いたり読んだりするのが苦手な子もいるでしょう。また、「勉強」として捉えると苦手意識が出る子どももいるので、その子の得意な分野から、言語へと導くのがオススメです。

　例えば、お料理が好きな子なら、クッキングの後にレシピを書いてまとめる。動物が好きな子なら、図鑑で調べたりしながら、自分の好きな動物を集めたオリジナルの動物図鑑をつくってみる。また、読むのが苦手な子には、一人で読むことを強要せず、大人が読み聞かせをしましょう。交替しながら一緒に声に出して読んでもいいですね。本の面白さを知ることで、自分で読むことに繋がっていきます！　好きなことを突き詰めながら、読み書きの必要性や楽しさを実感できるようになるといいですね！

「一人で書く」ことが苦手な子の気持ちを受け止めて、最初はその子が書きたいことを話してもらい、大人がホワイトボードに書き取ることもあります。大人が書いた字を、好きな筆記用具を使って書き写す、などからスタートしてもよいと思います。

数・幾何学

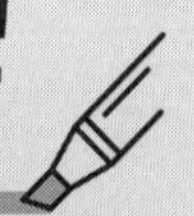

数

グレートストーリー⑤『数字の物語』
日常を便利にしてくれる「数」教育
小学校6年間で学ぶ「数」について など

①「位取り」を体感する
②「チェッカーボード」で掛け算の筆算を体験する
③「試験管ビーズの割り算」を体験する

幾何学

日常の中にある「幾何学」
小学校6年間で学ぶ「幾何学」について など

①「幾何学の物語」をする
②「幾何のデザイン」をする
③「合同・相似・等価」を探す

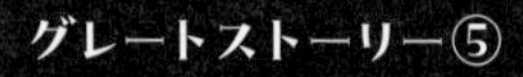
グレートストーリー⑤

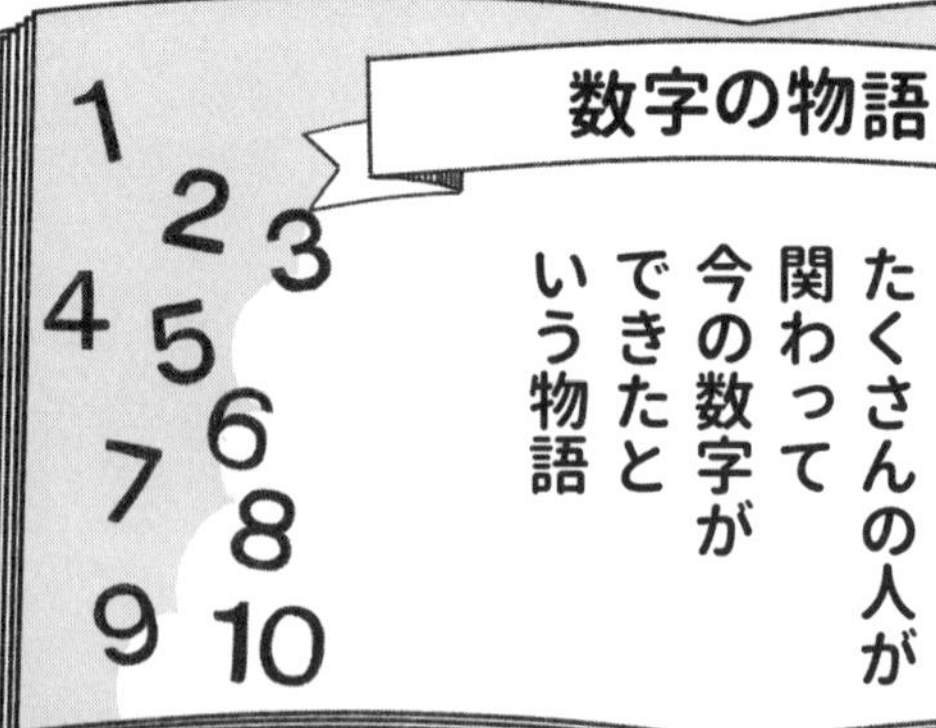
数字の物語
昔々
たくさんの人が
関わって
今の数字が
できたと
いう物語
1
2
3
4
5
6
7
8
9
10
I
II
III
IV
V
VI
VII
VIII
IX
X

はるか昔の
こと…
おっ!!
人々には
数の表し方が
必要でした

で、
何匹の
鹿を見たの?
ポン
うーん

これくらい

オレは
この木の
切りこみ
くらい
あっちで
見たぜ
おお〜！

人々は
数をかぞえ
覚えて
見せて
これくらい
これくらい
伝えあって
いたと
考えられて
います

では数は
どうやって
記号化されて
いったので
しょうか？
?
1234

紀元前
5千年頃
シュメール人の
暮らす
メソポタミア

数を
書いて
きました
見せなさい

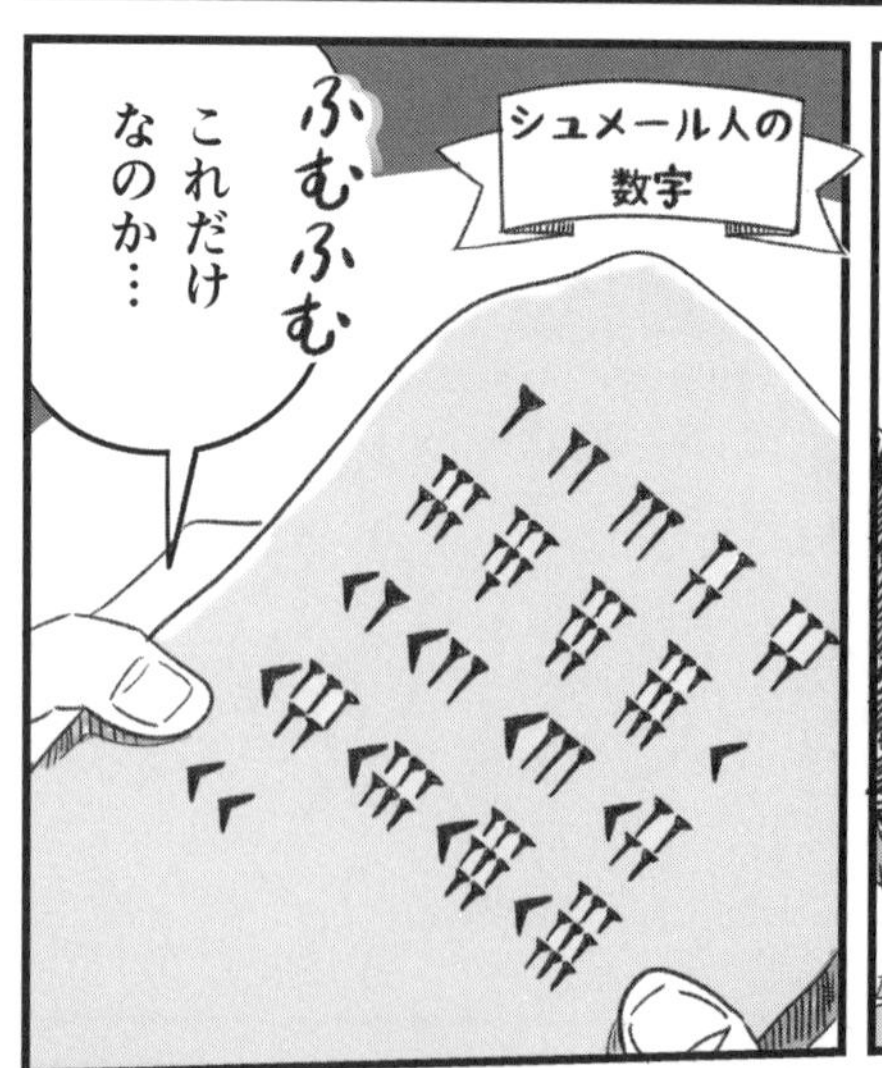
シュメール人の
数字
ふむふむ
これだけ
なのか…

この文字は
くさび形
文字と
呼ばれました
キリッ
ぐっ
くさび形を
つくる棒を
粘土板に
押しこんで
刻んだから
です

別のグループ
バビロニア人も…
我々もくさび形の数字を使用し今でもたくさん残っています
残ってる理由その1
商人だったので多くの記録を書いて保存していたからです
理由その2
住んでいる場所が暑くて乾燥していたから
くらっ
粘土板はレンガのように固く乾燥し何世紀も残ったんだ
カチカチ
ほぼ同じ頃
我々エジプト人は絵を使って数字を書いていました

な、なんだこれはっ!?
WOW!
あるとき大きな数を見ておどろいた人
百万を表す絵は両手を広げた人にしよう
カリカリ
ギリシャ人は
数字を書くために
数字の名前の最初の文字を使おう
ΓENTE
ペンテ
5を表すことば
= Γ

そしてローマ人も記号を発明しました
両手の親指を交差させて10をXで表してみよう!
I V X
L C D M
10=X

では、いつ今の数字になったのでしょうか？
1
2
3
4
5
6
7
8
9
10
最初の記録はインドで見つかりました

インド人と取引していたアラビアの人は
インド人
アラビア人
おー
我々にも数字を記録する方法はあるけど
これはかしこい方法だ！

一人のアラビア人がインド式数式を紹介した本を書きました
インド式算術について

この本はヨーロッパへと進出します
びゅーーん

ヨーロッパの人は
アラビアから来たからアラビア数字と呼ぼう！
インド式算術について
しかしヨーロッパの商人たちは…
ローマ数字のほうが簡単だ！
そろばんで計算するからゼロいらない！
ポイッ

しかしより多くの位の数を記録するにつれ…
も〜っ！
大きな数字を書いたり計算するのにローマ数字よりアラビア数字のほうがカンタンだ！
ゼロ必要だ！
0
ZERO
ついて

印刷機の
発明により
ミスも減少
ゼロにより
どんな位の
数字でも
かけちゃう！
0 10 1000
1000
10000
1442年の
手書き文書には
今日とほぼ同じ
方法で数字が
書かれています
カリ
カリ
1 2 3
印刷機のおかげで
数字は
その日から
あまり変わって
いません
これが
私たちの
数字の物語
本当は
ヒンドゥー
アラビア
ヨーロッパ
数字
と呼ばれる
べきかも
しれません
ニコ
ニコ
ニコ

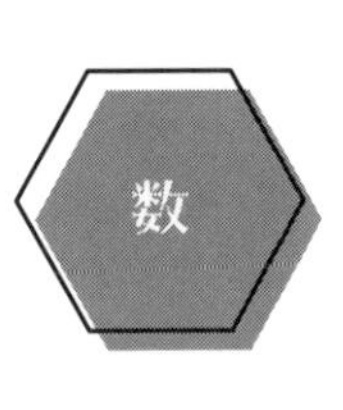

日常を便利にしてくれる「数」教育

グレートストーリー⑤『数字の物語』では、「数」を自分以外の誰かに伝えるために、私たちの祖先が長い時間をかけて、数字を洗練させてきたことが語られます。

ここで子どもたちに感じてほしいのは、**「数」は人々の必要から生じたものだということ。**私たちは毎日、お金を数えたり、日付を数えたり、寸法を測ったり、測ったものを組み合わせて建物をつくったりして、数を日常的に使っています。そんな人間の活動は、最古の文明にまで遡ることができます。

そう、本来、数字や数学は、テストでいい点を取るためではなく、あると便利だから誕生したもの。「数って本来、便利でイイものなんだよ！」と子どもたちに感じてもらうことが、モンテッソーリ教師がこのグレートストーリーを語る目的のひとつです。

結果に至るプロセスを大事にする

さらに、この話をする教師が、語らずとも念頭に置いていることがあります。

それは、「人間の傾向性」に、「数学的に考えたい」（38ページ参照）というものがあることです。

人間には、ものごとを正確・厳密・分析的に捉えたいという、生まれながらの数学的欲求が備わっています。ここに、「繰り返したい」「正確性を追求したい」などの「人間の傾向性」が加わることで、人は知識や技術を向上させて、これまでにさまざまなものを創造してきました。例えば、家や大聖堂、車や飛行機、果てはスペースシャトルに至るまで。数学を通じて、考え、追求し、発見し、作業し、洗練させて……というプロセスを繰り返すことで、さまざまなものをつくりあげてきたわけです。

モンテッソーリは、こうしたプロセスを何度も経験することで、人は真の理解に至り、自分らしい思考を身につけられると考えました。ですから、モンテッソーリ教育では、公式を覚えて瞬時に答えを出すことより、「どうやったら答えにたどり着けるのか」という、結果に至るプロセスを経験することを大切にします。

小学校6年間で学ぶ「数」について

モンテッソーリ小学校で学ぶ「数」教育は、以下のように、非常に多岐にわたります。

［数の内容例］

- ●数字の物語……数字ができるまでのお話を紹介する
- ●十進法……位取りの教具／大きいビーズのそろばん
- ●掛け算……数学の法則／チェッカーボード／大きいビーズのそろばん／金ビーズフレーム／銀行ゲーム／掛け算の幾何学的形式
- ●倍数と因数……倍数／素数／最小公倍数／因数／最大公約数／素因数
- ●割り算……試験管ビーズの割り算／切手遊び／割り切れるか？
- ●分数……分数の四則計算
- ●小数……小数の四則計算／小数による四捨五入
- ●指数……二乗と三乗／二乗と三乗の概念と表記法／十項式
- ●二乗……正方形の変換／方眼紙による二項の二乗

●三乗……キューブの変換／正方形から始まる二項の三乗
●平方根……概念と言語／抽象化への道／正方形ルート抽出のルール
●比率と割合……概念・言語・表記
●距離／時間／速度……文章問題を解く
●元本／利息／利率／時間……文章問題を解く
●測定……長さ測定の歴史／測定の概念／長さの標準測定単位／メートル法／体積／重積／面積／温度（華氏スケール）／角度
●代数学入門……代数式の操作／代数式のグラフ

このように、日本の教育だと中学校で習う内容も含まれているのが特徴です。

「抽象化への移行」が「数」教育のポイント

ちなみに、モンテッソーリ教育では、幼児期にも「数」教育があり、1から10の数の紹介から始まり、10以上の大きい数の構成や、十進法、連続数、四則計算、暗算などがあります。この時期は教具という具体物を使い、手指の感覚をたくさん使って、「数」を体験してきました。

実は、小学校に上がっても、教具を手指で操作しながら感覚を使う活動も、まだ数多くあります。

しかし、それだけでは物足りなくなってくるのが、小学生の特徴です。ものごとを抽象化する力が高まり、「推論する心」が芽生えてくる小学生には、手指を使わず「頭だけ」でする活動も必要になってきます。

●こうしたら、こうなる。さらにこうしたら、これもまた正解だ。

●A＝B、B＝C。すなわち、A＝Cだ！

こんなふうに、論理的に推測しようとする頭の働きが重要になってくるのです。

そのため、モンテッソーリ小学校では、

(1)教具を使って、数を感覚的に扱う

(2)数字を使って計算を行う【算術】

(3)数の代わりに記号を用いて、計算の法則などを割り出す【代数】

という3ステップで、「数」教育が進みます（ステップは並行されることもあり）。
身体を使って数を「具体的に」扱うことから始めて、やがて頭の中だけで「抽象的に」考えられるようにしていくのです。教具を使って感覚的に理解しながら**徐々に「抽象化への移行」を進めていくことが、小学生の「数」教育の大切なポイント**です。

具体的な体感が、抽象化に繋がる

実は、算数が苦手なお子さんの中には、この「抽象化への移行」がスムーズにいかない子どもが少なくありません。例えば分数、小数、図形の面積の計算などが苦手な子の場合、「具体性」から「抽象化」への切り替えがうまくいっていないことがあります。

そのため、モンテッソーリの「数」教育では、感覚的な理解と、この切り替えの過程を体験することを、とても大切にしています。

たとえば、分数が苦手なお子さんの場合、「$\frac{1}{2}$」と言われてもピンとこないけれど、実際に1つのリンゴを半分に割って見せて「1個を2つに分けたうちの1つが、$\frac{1}{2}$だよ」と説明すると、子どもはスムーズに分数の概念を理解することができます。はじめに具体的な数を「見て・触って」体感することで、抽象化がスムーズに進むのです。

紙の上で計算しているだけでは、なかなかこういう理解が得られません。

以下のピックアップ活動では、そうした**「抽象化への移行」を体験**できるものを、主に紹介しています。一見すると少々子どもっぽいかもしれませんが、**ここを疎かにすると、複雑な計算や応用問題、代数などが理解できなくなります。**

ちなみに【幾何学】に関しては、その性質の違いから、「数」とは分野を分けて学びます。幾何学については、168ページから紹介します。

活動❶ 「位取り」を体感する

モンテッソーリ教育では、幼児期から、数の教具を使って「位取り」や「十進法」を繰り返し体験してもらいます。このとき感じる「わかった！」という満足感が、「もっと学

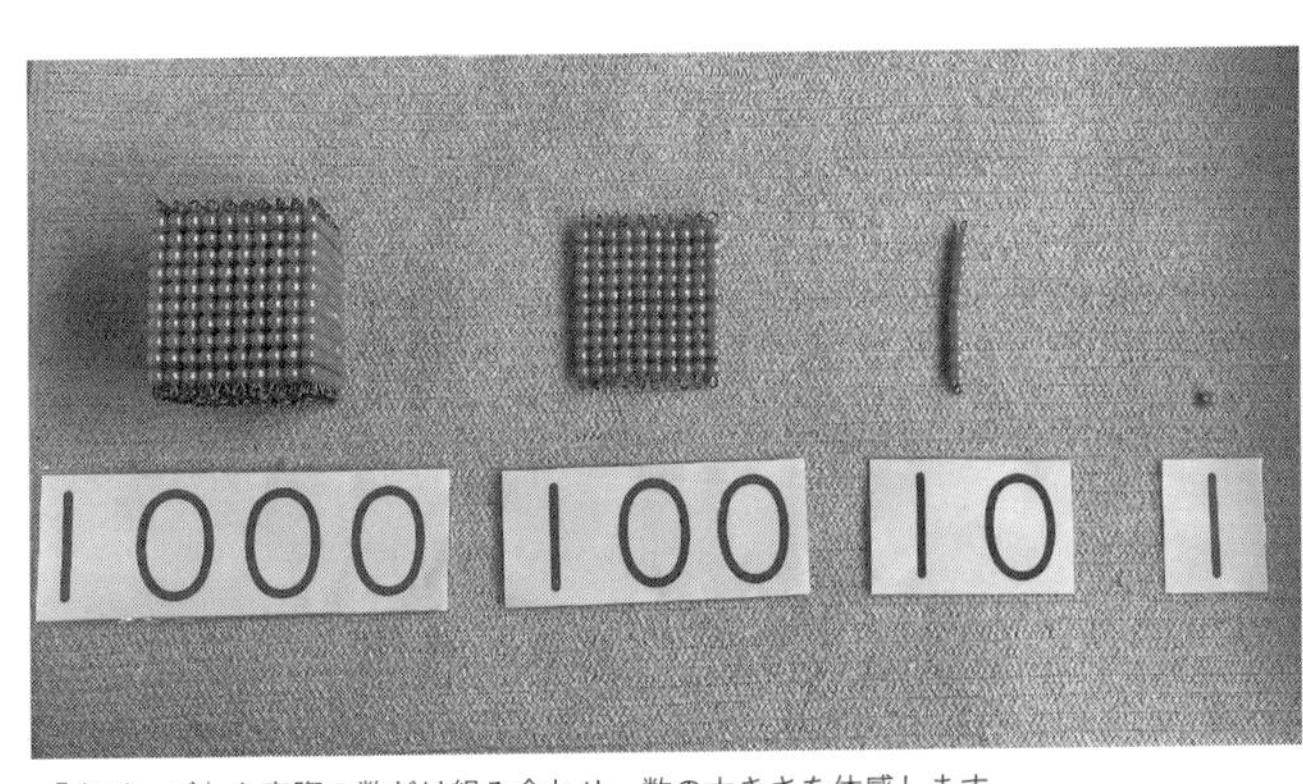

「金ビーズ」を実際の数だけ組み合わせ、数の大きさを体感します

びたい！」という意欲に繋がるので、とても大事な基本の活動です。

幼児期にこうした体験をしてきていない子のために紹介するのが、ビーズを使った活動です。

「金ビーズ」は、小さなビーズが「1個」「10個」「100個」「1000個」の組になっている教具です。これらの具体物を使うことで、子どもたちに「数の固まり」や「数の大きさ」など、抽象的な概念を体感してもらいます。

子どもたちは、「1から億」までの数字を言えたとしても、必ずしも、その大きさを理解しているわけではありません。ですから、こうした教具を使って、子どもの頭の中で「数」と「量」の感覚を一致させるサポートをします。

体験Ⅰ 金のビーズを自由に組み合わせて、さまざまな大きさの数をつくります。同時に、「1が10個集まると10」「10が10個集まると100」「100が10個集まると1000」ということを具体的に体感してもらいます。

もうひとつ、「数」教育の最初に使われるのが「位取りの教具」です。

ひとつのブロックが「1」「10」「100」「1000」「1万」「10万」「100万」をそれぞれ表します。これも「金ビーズ」と同じく、数の大きさを具体的に体感するためのものです。

児童期の子どもは、極端なものが大好き。こんなふうに、ものすごく大きかったり、小さかったりするものにワクワクするので、こうした教具で実際の数の大きさを体験することを、とても楽しんでくれます。

体験Ⅱ 「1」「10」「100」「1000」「1万」「10万」「100万」のブロックを見て、触って、具体的な数の大きさを体感します。

大きな位の数を知っていそうな小学生でも、実際の数の大きさをイメージできていないために、「一、十、百、千、億、兆！」と「万」の位を飛ばす子どもがいたりします。
そうした子どもに、「位取りの教具」で、金ビーズでは体験できなかった1万以上の数の大きさを、実際に体験してもらいます。

もっとも大きな「１００万」のブロックは、何人かで力を合わせなくては運べません。スタミナのある小学生は、この大きさや重さを喜びながら、みんなで楽しそうに運びます。

また、ブロックは次の位へ進むごとに、10倍ずつ大きくなっていることが、目で見てわかります。子どもはここから、「位というのは、同じ法則でどんどん大きくなっていくん

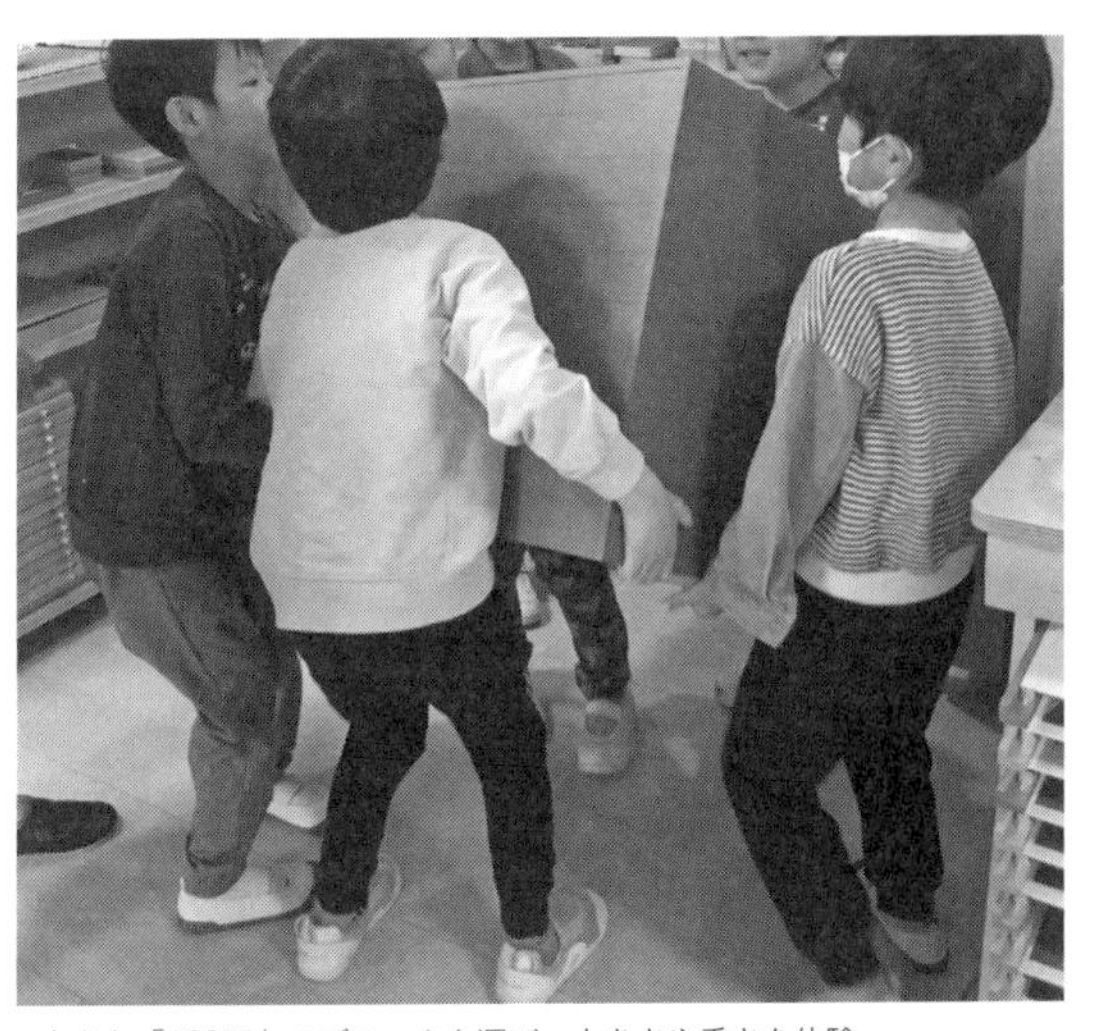
大きな「100万」のブロックを運び、大きさや重さを体験

だ」ということを理解します。

「位取りの教具」のブロックは「１００万」までしかありませんが、この大きさを理解できると、それ以上の数の大きさも頭の中で想像できるようになります。

「太陽は、地球の１００万倍の大きさ」と言われたときも、「１００万っていうのは、１万の１００個分だな」と大きさをイメージできるようになります。

おうちでもできること

●「１～１００万（子どもによってはそれ以上）」までの数のゼロを紙に書くなどして、十進法の概念や大きさ、数字やゼロの数を紹介します。大きな数になった

各ブロックが10倍ずつ大きくなっている様子をスケッチする子ども

ら、頭の中でイメージしていきましょう。

●小学生はビッグスケールなことが好きなので、1から始め、億を超えた数も書き続けてみましょう。

活動❷「チェッカーボード」で掛け算の筆算を体験する

モンテッソーリの小学校教育では、掛け算と割り算が「数」教育のメイン。これらが、その後に続く、倍数や約数、分数、二乗、三乗といった考え方に繋がっていくからです。そのため、さまざまな角度で掛け算や割り算を繰り返し練習できるような教具が揃っています。

「チェッカーボード」は、掛け算の筆算のための代表的な教具。9桁×4桁までの掛け算ができます。それぞれの位のマスに、数を表すビーズを置いて、数を具体的に見ながら確認していきます。

体験 位ごとに色分けされたビーズを、各位を表すマス上に置きながら、計算をしていきます。

160～161ページで図解していますので、内容についてはそちらを確認してください。

ポイントは、ビーズという具体物を使うことで、子どもが「『4×3』は、『4という同じ数が、3回合わさる』こと、つまり『4+4+4』のことなんだ！」と感覚的に理解することです。

掛け算の九九を覚えれば、「4×3は？」「12！」と答えはすぐに出てきますが、実はこれが「4+4+4」のことだと理解し

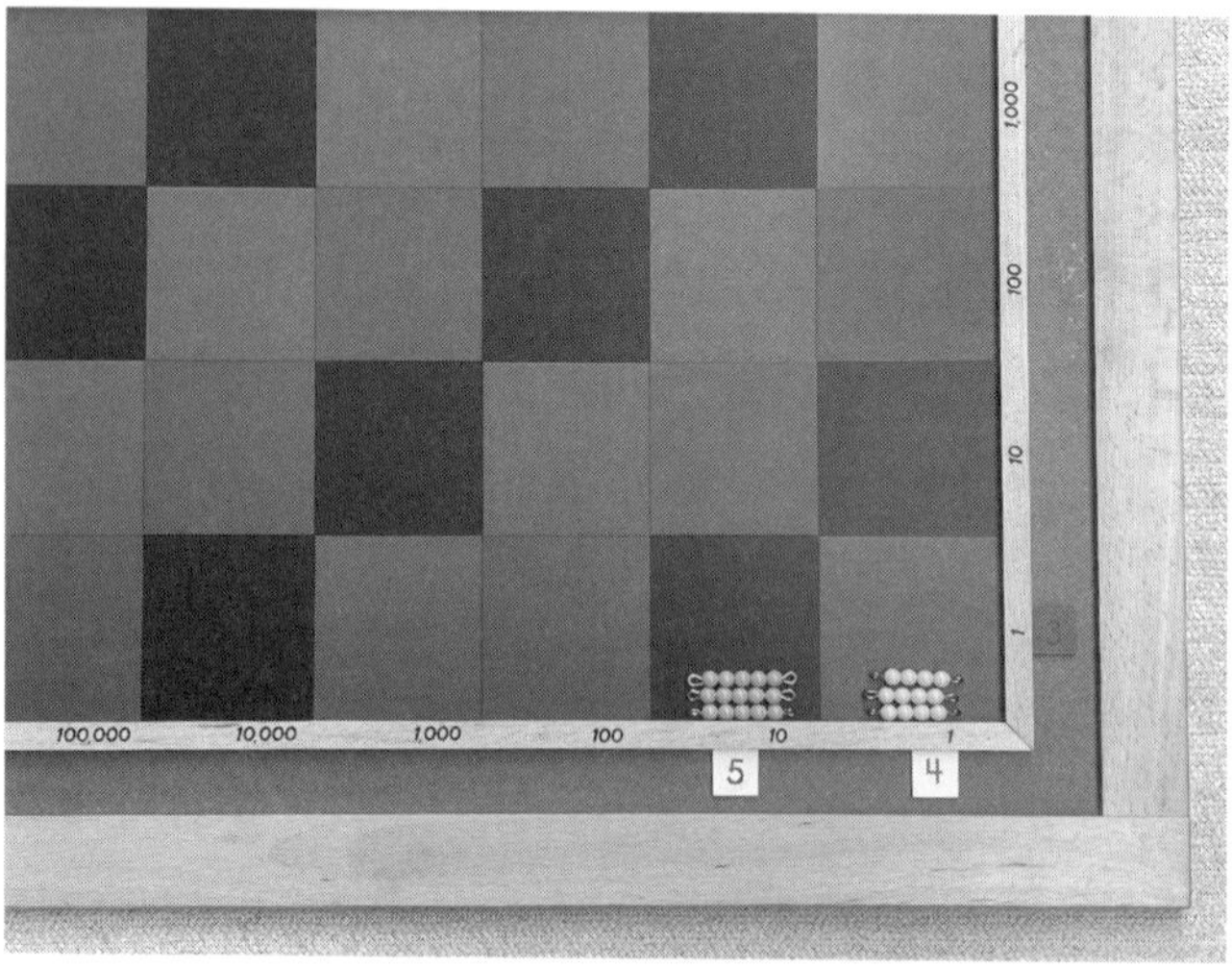

それぞれの位のマスにビーズを置いて掛け算をする「チェッカーボード」

ていない子もいます。これが理解できていないと、これ以上複雑な問題になったとき、自分で答えを見つけるのが難しくなります。

ですから、紙の上で計算するだけでなく、こうした具体物を使って「掛け算とは、こういうことなんだ！」と体験することが、児童期にはとても大切になります。

おうちでもできること

家庭では、毎回「チェッカーボード式」で計算する必要はありません。子どもが掛け算のしくみを理解できずに困っているときに、「掛け算とはつまり、こういうことなんだ！」と発見し、親しむきっかけになれば十分なのです。

次のページではモンテッソーリ小学校でのやり方を紹介しますが、家庭では教具を用意する必要はなく、ホワイトボードなどにチェッカーボードを描くなどして代用すると良いでしょう。

❶「掛けられる数(54)」と「掛ける数(3)」のカードを、
図のように配置します。
横軸が掛けられる数、縦軸が掛ける数です。

❷「一の位」の掛け算をします。「4×3」なので、
「4個の塊」のビーズを「3つ」置きます。
マス内のビーズの数は「12」です。

❸「一の位」の掛け算の答えが二桁以上なら「両替」します。
答えは「12」なので、「十の位」のマスにビーズを1つ置き、
「一の位」のマスにビーズを2つ置きます。

❹「十の位」の掛け算をします。
「5×3」なので、「5個の塊」のビーズを、
「3つ」置きます。マス内のビーズの数は「15」です。

❺「十の位」のビーズを両替して、
「百の位」のマスにビーズを1つ置き、
「十の位」のマスにビーズを5つ置きます。

❻チェッカーボード下段のすべてのビーズを、一本にします。
各位のビーズはそれぞれ色が違っているので、
ひと目で答えがわかります。正解は「162」です。

モンテッソーリ小学校での「チェッカーボード」を使った掛け算の筆算のやり方

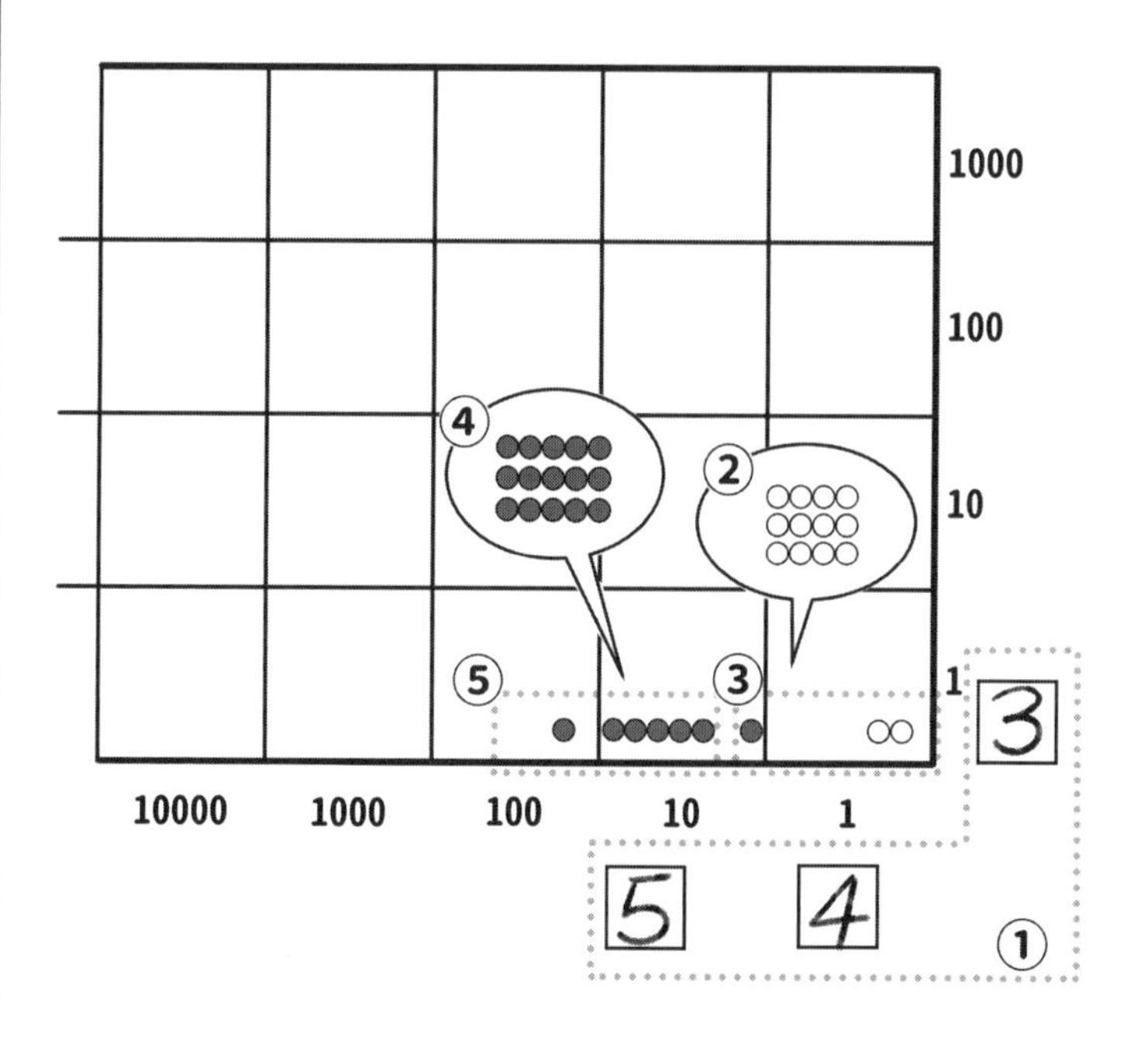

＊それぞれの位のマスには、それぞれ異なる色のビーズを置きます。

活動❸ 「試験管ビーズの割り算」を体験する

「試験管ビーズ」は、割り算を体験するための教具です。位ごとに色分けされたビーズを使って「割り算では、同じ数ずつ平等に分けた、一人分が答え」になることを、ゲーム感覚で体験します。

割り算も、掛け算と同じで、このあとの「数」教育の大切な基礎になります。ですから、小学生のうちに、手指を用いて感覚を使いながら、じっくり体験しておくことが大切です。

体験 試験管から、「割られる数」のビーズを取り出しておき、割る数の「人数」に割り振り分けていきます。平等に分けられなかった分が「余り」となることも体験します。164～165ページに図解していますので、くわしくはそちらを確認してください。

小人と呼ばれる人形をセットして、実際に一人ひとりに均等にビーズを分けながら、割り算とはどういうことかを体験します。

おうちでもできること

●お子さんが「割り算」でつまづいているとき、割り算とはどういうしくみかがわかっていないことが多いので、小さな数から始めてみましょう。

●ホワイトボードを使って、「試験管ビーズの割り算」を描きながら体験してもよいでしょう。子どもはホワイトボードが好きなことが多いので、楽しんでやってくれるかもしれません。一の位は緑、十の位は青、百の位は赤、千の位は緑で、その後も色は繰り返しです（一番大きな百万の位は緑）。

●「人数に、同じ数ずつ分ける」という体験ができればいいので、「10個のお饅頭を、3人で分けるとしたら、一人分は何個になる?」など、具体物を扱いながらゲームのようにするのもオススメです。

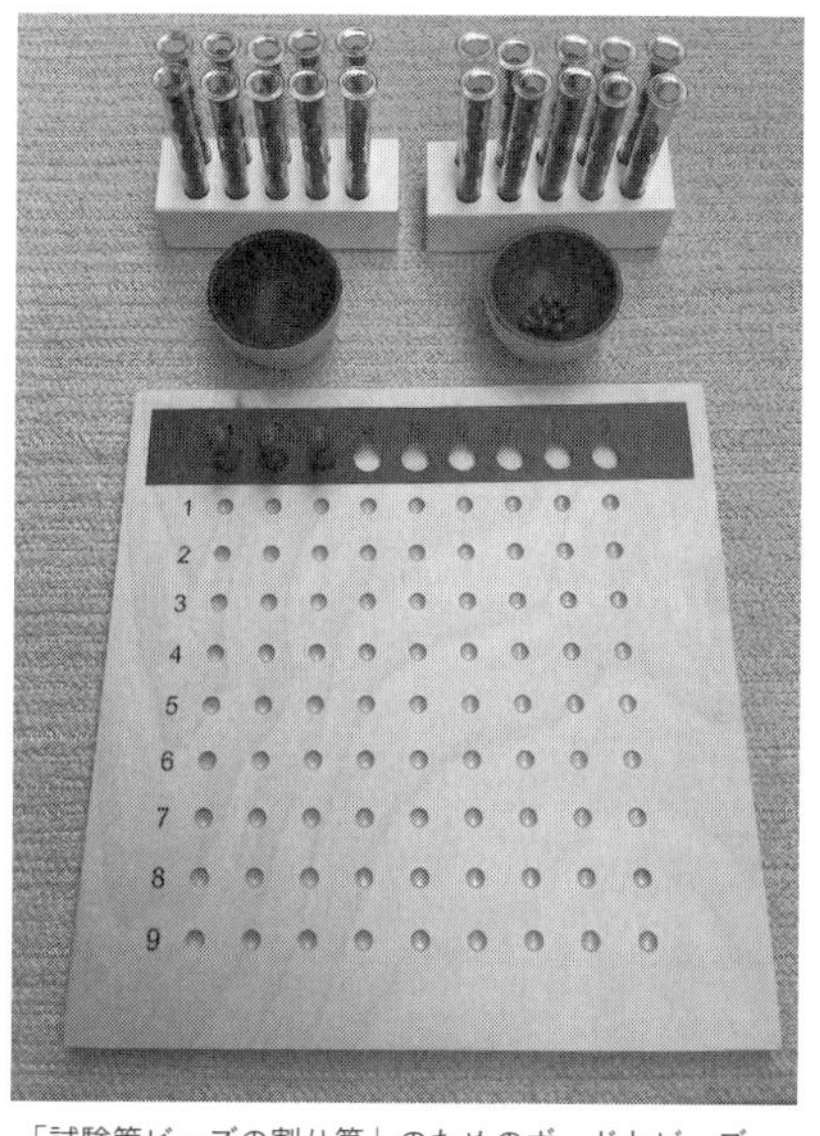

「試験管ビーズの割り算」のためのボードとビーズ

❸ 紙に、最初に分けたビーズの
1人分の答えを書きます。
431÷3=1
均等に分けられたビーズは
片づけておきましょう。

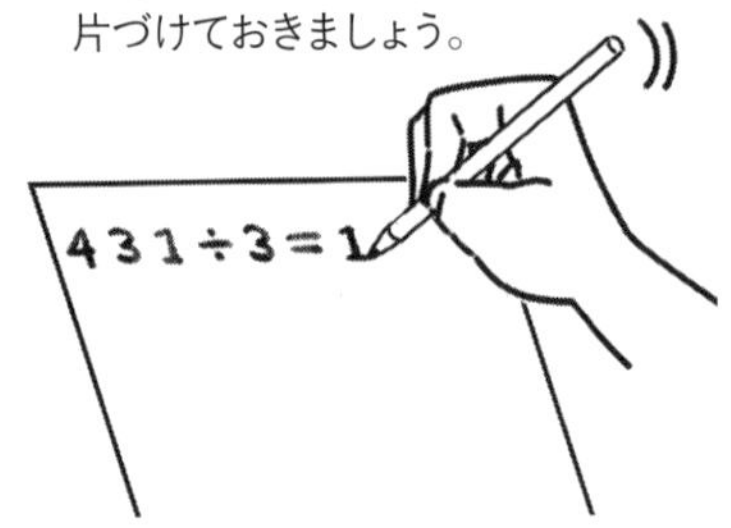

❹ 分けられなかった、余ったビーズ
(1)を、十の位のビーズ10個に
両替します。

❼ 余った「十の位」のビーズを
両替し、人数に均等に分けます。

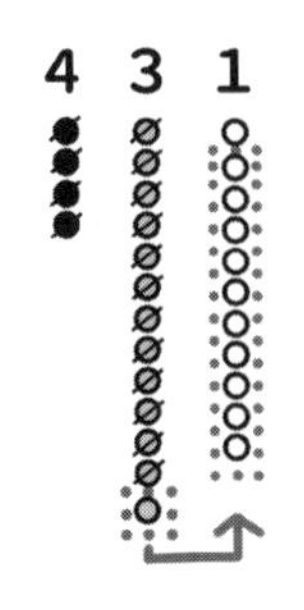

❽ 紙に、分けたビーズの
答えを書きます。

431÷3=143 あまり2

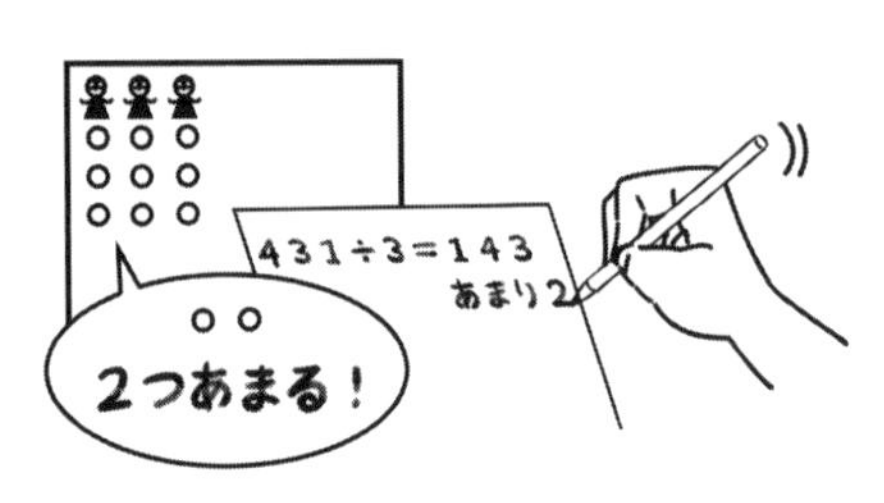

モンテッソーリ小学校での「試験管ビーズの割り算」のやり方

例「431÷3」

❶「割られる数」のビーズ(431)を用意し、ボードに「割る数」の人数分(3)の人形をセット。(ビーズは小さなコップ等に入れておきます)

❷いちばん大きな「百の位」から、ビーズを人数に均等に分けます。

❺「十の位」のビーズを、人数に均等に分けます。

❻紙に、分けたビーズの一人分の答えを書きます。
431÷3=14
均等に分けられたビーズは片づけましょう。

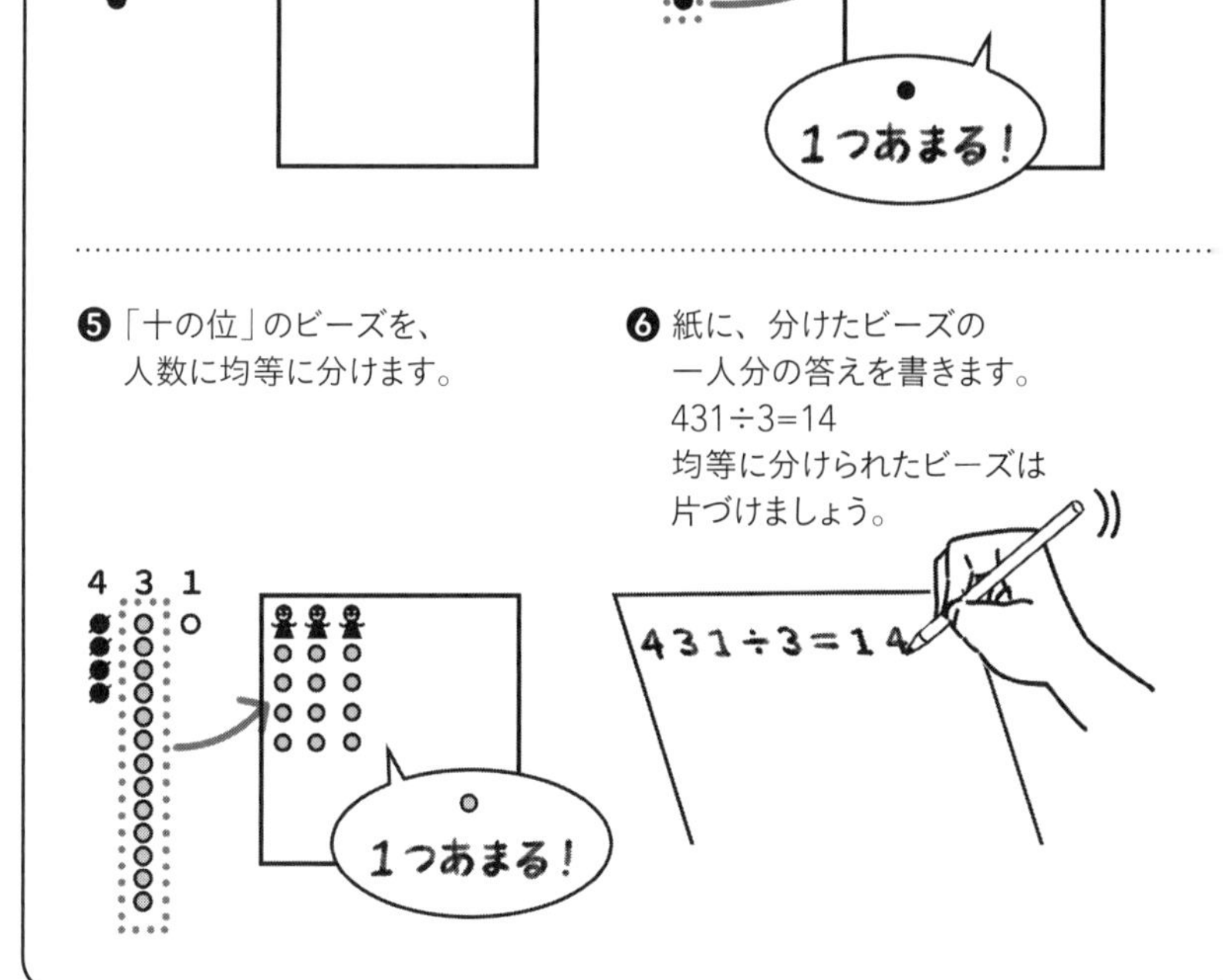

「グレートワーク」について

実は児童期の子どもには、「極端な、普通でないことが大好き！」という特徴も見られます。

そのため、「自分で計算問題をつくってみよう」と大人が提案すると、とんでもない数の大問題をつくる子どももいます。

先生としては、「785÷2」くらいの問題をイメージしていたのに、「9999999÷99999」といった、とてつもない計算を始めようとするのです。

間違いをたくさん経験しながら、それを解決していくような活動を、モンテッソーリ教育では「グレートワーク（偉大なお仕事）」と呼んでいます。

児童期の子どもたちは、挑戦や課題解決を楽しみ、味わう力をちゃんと持っています！

ですから、子どもたちが問題を前に真剣になっているときは、先生はギリギリまで手を出さず、見守ります。子どもが努力をしているけれども、明らかに間違っている場合、先生は子どもの様子に応じて後日あらためて問題を提供します。後日行ったときに、少しのヒントで自分たちで軌道修正できることもよくあります。

ですから大人は、子どもが最短で正解を出せるように即教え込みたい気持ちをグッと我慢することも、ときには必要です。

自分で問題をつくろう！

モンテッソーリ小学校では基本的にプリント類は使いません。大人が一方的に考えた問題を解くことで、子どもの想像力や意欲を奪うこともあります。ですから数の問題は、ぜひ子ども自身に考えてもらいましょう。

最初は、ママやパパが「2から9までの好きな数字を2つ教えて！」などと子どもに聞いて、一緒に掛け算や割り算を考えてもいいでしょう。クラスでは、計算用紙として、マス目のある方眼紙を使うことが多いです。計算用紙に書き込むタイトル（例えば「掛け算」「割り算」など）のデコレーションも楽しんだりしながら、「自分のワーク」という意識を持てるように導けたらいいですね！

日常の中にある「幾何学」

モンテッソーリ教育の「数」教育と深い関連を持ちながら、独立した分野になっているのが「幾何学」です。

モンテッソーリ教育では、この幾何学に、幼児の頃から親しみます。なぜなら、私たちの日常は、さまざまな「図形（幾何）」で溢れているからです。

自然を見渡してみましょう。例えば、水紋が描く「円」や、貝殻の渦巻が描く「らせん」、ハチの巣穴の「六角形」や、鉱物や雪の結晶に見られる「多角形」、植物の葉や花の形に見られる「相似（性）」、放物線が描く「曲線」……などなど。あらゆる場所に、円・多角形・直線・曲線など特定のパターンの「図形」が存在します。

人間には生まれつき、そこに共通する美しさを求める気持ちや、そんな美しさを自らの手で再現したいという気持ちが備わっています。また、図形を数学的に理解したいという渇望も備わっています。モンテッソーリは、人間のそうした欲望を大切にして、幾何学を地球や人間を理解するための、重要な一分野だと考えたのです。

小学校6年間で学ぶ「幾何学」について

そのため、モンテッソーリ教育では、幼児教育にも幾何学を採り入れています。とはいっても、難しい計算をしてもらうわけではなく、最初は「幾何タンス」「メタルインセッツ」などの幾何学図形の平面の教具（木や鉄製のはめこみ式のパズルのようなもの）を使ったり、「幾何立体」と呼ばれる球や三角錐や立方体などの三次元のブロックのような教具を使ったりして「お仕事」をしてきました。円、三角形、四角形、楕円形、台形など、さまざまな幾何学模様に、感覚的にたくさん触れてきたのです。

こうした活動を経て、モンテッソーリ小学校では、主に次のような活動を行います。

［幾何学の内容例］

●幾何学の物語……………幾何学の歴史の紹介

●幼児期からの移行………平面の幾何学／立体の幾何学／幾何タンス

●幾何学的デザインや設計……メタルインセッツを使用した設計／定規とコンパスによる幾何学的構造／直線&曲線のデザイン

●合同、相似、等価………メタルインセッツ／合同・相似・等価／タングラム

●構成三角形との等価性…線で結合された図形を使用した等価性／等価……箱を組み合わせる／四則計算を使用した等価性

●等価性のインセット……三角形と長方形／ひし形と長方形／台形と長方形

●線……………………………線とは？／直線とは？／曲線とは？／2本の線の位置／線の概念とその種類

●角度…………………………さまざまな角度について／補完、補足、垂直角度、線形ペア

●多角形………………………多角形の構成要素と種類／多角形の対角線／多角形内の角度の合計／多角形の命名

●円……………………………円と通常の多角形との関係／円の部品／円の周囲／π（Pi）の

歴史

●定理……………ピタゴラスの定理／ユークリッドの定理

●面積……………面積の概念／長方形・三角形・平行四辺形の面積／長方形・三角形・台形・円などの面積（数式）

●立体……………基本概念（点、線、面、立体、寸法）／多面体

●体積……………体積の概念／角柱・角錐・円柱・円錐・球の体積／アルキメデスの物語

「数」の教科と絡ませながら、6年間でこれほど多くのことを学んでいきます。

また、幾何学の一部は、アートにも繋がっていきます。慣れ親しんだ円や線、多角形などの図形を使いながら、美しい幾何学模様を描く「幾何学的デザインや設計」は、子どもたちに人気の活動のひとつです。

具体物に触れることで、図形を学ぶのが楽しくなる

幼児の頃は子どもたちに図形に親しんでもらうことが教育の目的でしたが、小学校では具体物を使いながら抽象化への理解が進むようにサポートします。

例えば、モンテッソーリ小学校では、高学年で「ピタゴラスの定理」が正しいかどうかを、専用の鉄製の教具を使って証明していきます。

ピタゴラスの定理（三平方の定理）は、直角三角形の3辺（a, b, c）の長さの関係を表す公式です。

わかりやすいように次のページに図解していますが、具体的には、「直角三角形の斜辺（c）の二乗は、直角をはさむ2辺（a, b）の二乗の和に等しい」というもので、「$a^2+b^2=c^2$」という公式で表すことができます。

この公式を証明する方法はたくさんあって、そのうちのひとつが「直角三角形のそれぞれの辺を一辺とする正方形では、斜辺（c）にできた正方形の面積は、他の2辺（a, b）にできた正方形の面積の和に等しい」というものです。

これを、メタルインセッツを用いて表すと、下の写真のようになります。

写真内のつまみのついた四角い部分はどれも同じ大きさです。この四角を数えると、正方形aは4×4＝16個。正方形bは3×3＝9個、正方形cは5×5＝25個とわかります。これを、ピタゴラスの定理「$a^2+b^2=c^2$」に当てはめると、「$3^2+4^2=5^2$」となります。教具を使って、ピタゴラスの定理を見事に証明できたわけです！

紙の上で数字や斜線だけを用いて計算するよりも、具体物での図形の証明を体験すると、「なるほど、ピタゴラスの定理ってこういうことなんだ！」と感覚的にストンと腑に落ちます。こうした経験を積むことで、抽象化への移行がスムーズに進むので

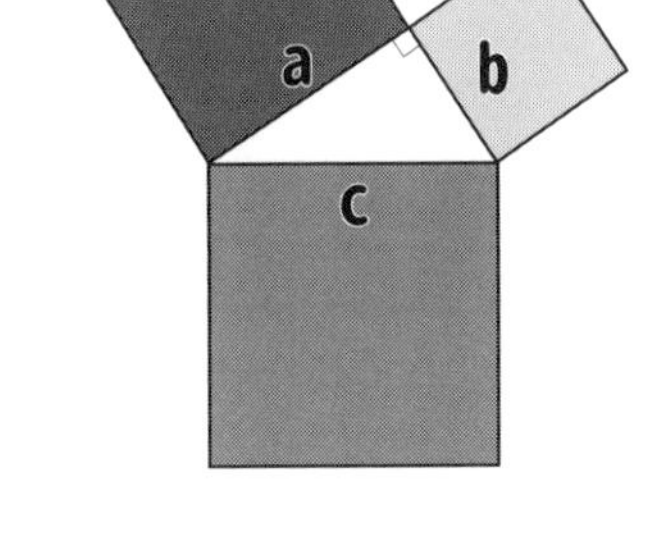

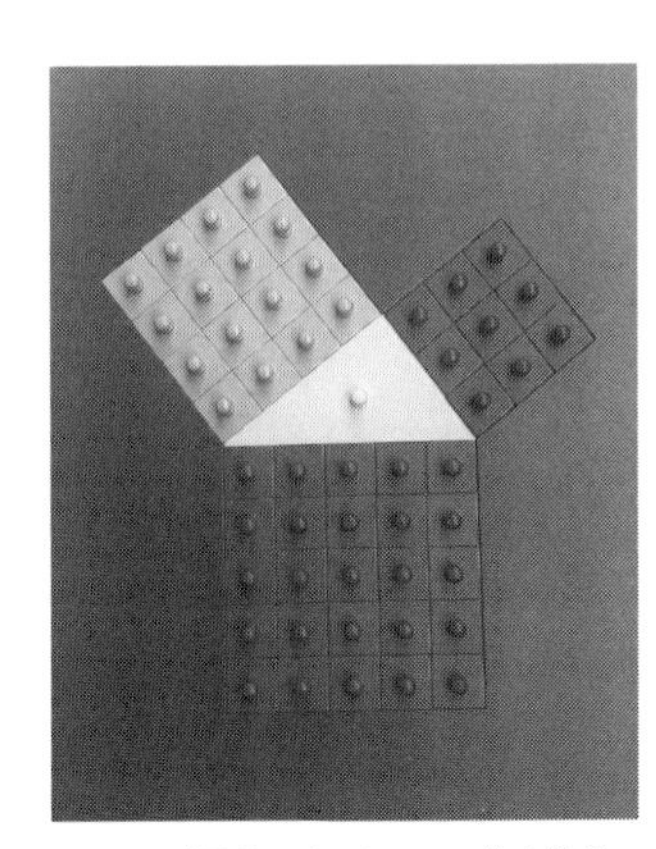

ピタゴラスの定理「$a^2+b^2=c^2$」を、メタルインセッツで証明。インセッツの数を数えると「16+9=25」となり、「$a^2+b^2=c^2$」が成り立っていることがわかります

す。

また、この過程を経験しておくと、複雑な図形問題を前にしても、「なんだかよくわからないから、嫌だな」という拒否感を覚えづらくなります。実は私自身、学生時代はまったく興味がなかった幾何学ですが、モンテッソーリの小学校教育を学んでからは、大好きな分野になりました！

ときには、「他にも、こんなやり方があるんじゃないかな？」と教具を動かして、別の証明方法を考えようとする子もいます。わざわざ自分で紙に図を書かなくても、教具を動かせばいいだけなので、思い立ったらすぐにチャレンジできるのが、具体物で学べることのいいところです。

図形に関心を持った子どもたちは、自分の興味のおもむくまま、自由に幾何学の世界を探索していきます。そして、自分の身の回りに、いかに「幾何」が存在し、身近なものかと気づいていけるようになれたらいいですね。

活動❶「幾何学の物語」をする

モンテッソーリ・ファームの私のクラスでは、幾何学に親しむために、「幾何学は、身近で日常的なものなんだ」と知ってもらうことから始めます。

そこで、幾何学の始まりについて、先生は子どもたちに次のような物語を語ります。

「幾何学の歴史の始まりは、紀元前5000年頃。当時のエジプト人が、ナイル川の氾濫後に、土地の区画をロープで測ったことだと言われています。ナイル川は毎年氾濫するので、そのたびに、農地の区画がわからなくなります。王様たちは、農地に応じた税金を取るために、毎年、農地を測り直さなければいけませんでした。

『幾何学（geometry）』の語源は、ギリシャ語の『地球（geo）測定（metria）』だというのも、うなずける話ですね。

当時のエジプト人は、土地を測量するために、長いロープを使っていました。このロープには等間隔で結び目がつくられています。結び目3つ分、4つ分、5つ分のところで角をつくることで、直角三角形ができることを、当時の彼らは知っていました。
この直角三角形を基に、毎年農地を測量する、『縄張り師』と呼ばれる専門家集団がいたそうです。
幾何学はその後、古代バビロニアや古代ギリシャなどで、『図形』を数学的に研究する分野として発展を遂げました」

こうしたことをお話ししながら、幾何学が私たちの生活にとって、身近なものであることを感じてもらいます。

体験 右のような物語を語った後に、教室では、実際に結び目をつくったロープを使って直角三角形ができることを体験します。

等間隔の結び目があるロープを利用して、3：4：5の比率で直角三角形をつくる子どもたち

おうちでもできること

●幾何学の始まりや、エジプトの測量の話、ナイル川の氾濫の話や、縄張り師の話などをした後に、等間隔に結び目をつくったロープを使い、3：4：5の比率で直角三角形ができることを体験できます。

●高学年向けとして、直角三角形から「ピタゴラスの定理」などに話を進めて、数学者・ピタゴラスの話をするのもオススメです。ピタゴラスには、ユニークなエピソードがたくさんあります！　ママやパパが調べて、面白かったことを子どもに伝えると、数学者や歴史に興味を持っていくかもしれません。

幼児期に使った感覚教具で、再びピタゴラスの定理について学ぶ

活動❷「幾何のデザイン」をする

子どもの周りには、さまざまな形の組み合わせがたくさん溢れています。私のクラスでは、幾何のデザインをすることで、日常的に身近にある形の美しさやパターンへの気づきを促します。

体験 定規、コンパス、分度器などを使って、直線、曲線、多角形を描いてみたり、実際に描いたものの種類や名前を覚えたりします。

同じパターンの図形を、平面に隙間も重なりもなく敷きつめる「テセレーション（平面充塡）」にチャレンジすることもあります。だまし絵で有名なオランダ人画家・版画家のエッシャーは、テセレーション作品をたくさん残しているので、エッシャーの絵を紹介して、アートに繫げていくこともあります。

おうちでもできること

●モンテッソーリ幼稚園などでメタルインセッツでやってきたように、定規やコンパス等を使って、さまざまな形、直線、曲線を描いてみましょう。また、それらを組み合わせて、幾何学模様をつくり、デザインを楽しみましょう。

①コンパスで円を描く。

②円周から、同じ大きさの円を描いていく。円と円が重なった点を中心として、また円を描いていく。

●同じ形で平面を隙間なく埋めていくことができる形（テセレーションアート）と、そうではない形を体験します。同じ形を敷き詰めていくことで、そのデザインの不思議を体験しましょう。

コンパスを用いて描いた、美しい幾何学模様

[上]平面に隙間なく敷き詰められる「テセレーション」の基本パターンをつくります。このとき、「等価」の知識が役立ちます
[下]基本パターンを敷き詰めて、美しい模様をつくります

活動❸ 「合同・相似・等価」を探す

幾何学を学ぶ上で大切なポイントのひとつが、「合同・相似・等価」など図形の性質を理解することです。

●「合同」＝同じ形で、同じ大きさ
●「相似」＝同じ形で、違う大きさ
●「等価」＝違う形で、同じ大きさ

特に「等価」への理解は、のちに面積や体積を計算する上で、とても重要になります。複雑な図形を、シンプルな四角形や直方体に変換できれば、面積や体積の計算がしやすくなるからです。

合同
同じ形で、同じ大きさ

相似
同じ形で、違う大きさ

等価
違う形で、同じ大きさ

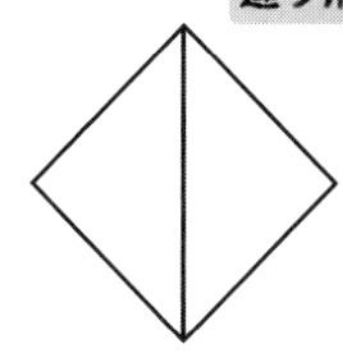

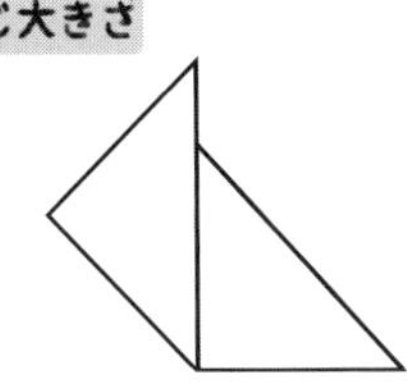

合同・相似・等価の概念

体験 私のクラスでは、メタルインセッツなどの教具を使って、「合同」「相似」「等価」を体験し、理解します。また、教室にある備品の中から、「合同」「相似」「等価」を見つけ出します。

先生が「お部屋の中から合同、相似、等価のものを集めてきてね」と言うと、子どもたちは思い思いの形を集めてきます。普段は幼児クラスの棚に置いてある「幾何タンス」や、「幾何図形」「メタルインセッツ」からも図形が集まります。自分が探してきた「合同、相似、等価」のものを使って、ポスターをつくった子もいました。

おうちでもできること

● お部屋の中にある、「合同」「相似」「等価」の形を集めてみましょう。例えば、「このボタンは、形も大きさも一緒だから合同だね」、「このノートと本は、大きさは違うけど

自分の集めた形を使って、ポスターを作成中

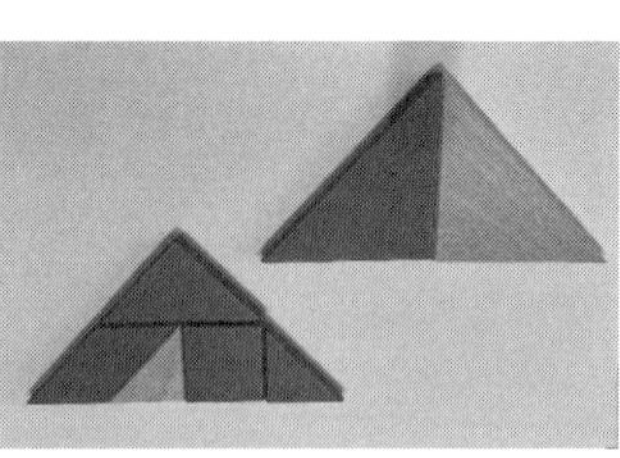
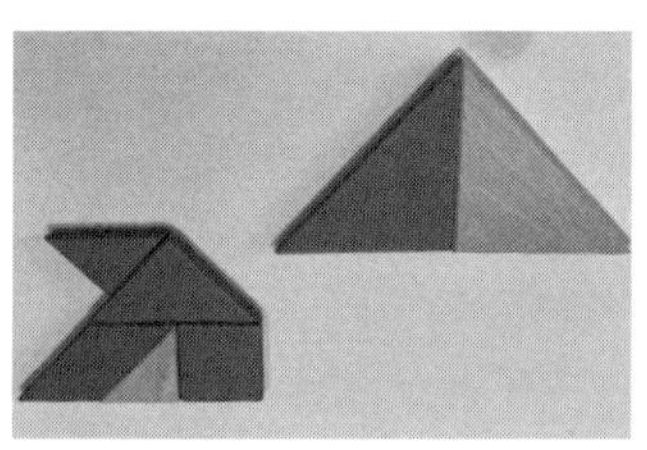

[右]「タングラム」を使って、「合同」の三角形を作成
[左]一方の三角形を変形させ、面積は変わらない「等価」を体験

形は一緒だから、相似だね」など。

●日常の中で「等価」を体験するのは少し難しいので、市販されている知育パズル「タングラム」を使って、「等価」の図形をつくってみるのがオススメです。上の写真右のように、違う大きさの三角形や四角形を組み合わせて、同じ大きさの図形をつくってみましょう。また、写真左のように、その図形を変形させてみて、形は変わっても、元の図形と面積は変わらないことを体験するのもよいですね。

自然の中にある花びらや虫の羽の形、家の中にあるイスや机やボタンやお皿やコップなどが、幾何（図形）で構成されていることを、ぜひお子さんと感じてみましょう！

図形に対して感じる興味や「美しい」と感じる心が、やがて、数学にもアートにも繫がっていきます。

おうちで行う小学校教育のポイント

最後に、おうちで行う小学生のお子さんの教育に、モンテッソーリ教育のエッセンスを取り入れるためのポイントを、いくつかお伝えします。

「お部屋づくりのポイント」について

児童期の子どものお部屋づくりについて、お伝えしたいポイントは3つ。

1つめは、ものがきちんと整理されていること。文房具や掃除道具など、いつも使うものの置き場が決まっていることです。置き場所が決まっていて、自分が使いたいときに使いたいものがすぐに手に取れるようになっていれば、子どもは生活に、大人と共に参加できます。自分も社会の一員として活動できるようになることが、子どもにとってはすごく大事なのです。

ですから、できるだけ整理整頓を心がけ、ものの置き場所を決めておくようにしましょう。

ポイントの2つめは、使ったものはみんなで元に戻すこと。このルールを徹底することで、子どもは、自分がやりたいときに、やりたいことをするための道具をすぐに手にとれます。


3つめのポイントは、図鑑や歴史の本など、子どもの興味を引くためのものが多すぎないことです。児童期の子どもにとって、家の中や教室で学びきれないことを、外へ出て学ぶことがとても重要になってきます。

ですから、「うちの子は恐竜が好きだから……」と恐竜の本を何十冊も買い与えるのではなく、家にはくわしい本を2〜3冊置いて、子どもが興味を持ったら図書館や博物館などへ調べに出かけるのがベスト。家の中に置く情報は不足しているくらいでちょうどいいのです。それが、子どもの関心を外へと向けるきっかけになります。今はインターネットでも簡単に情報が手に入りますが、外で実際に体験したことこそ、真の学びにもなりますし、記憶にも残ります。

「ゴーイングアウト」について

モンテッソーリ教育では、子どもが興味を持ったことを外へ調べに行く活動を「ゴーイングアウト」と呼んで、とても大切にしています。

このように積極的に外へ出て行って、社会と関わりながら学ぶことは、児童期の子どもにとって特に重要です。なぜなら、なんでも知りたい児童期に、「自分の知りたいことは、身近な大人以外の社会からでも学べるんだ！」という経験をしておくと、自分の興味をあきらめずに追求する気力や社会性が育ち、その子の行動の幅がグンと広がるからです。

ですから、クラスや家庭でお子さんが興味を持ったことがあって、「もっと知りたい！」となったら、ママやパパは積極的に外へ連れて行ってあげてください。先生を含め、大人にも知らないことがあるのは全く悪いことではないので、「自分も知らないから、一緒に行ってみよう！」と協力者になればよいと思います。

恐竜に興味がある子なら図書館や博物館へ連れて行ってもいいですし、古生物が好きなら化石採集に出かけるのもいいでしょう。動物が好きなら牧場へ、植物に興味があるなら植物園に一緒に出かけるのもいいと思います。地元の歴史に興味を持った子の場合は、地元の郷土史資料館を調べて、知りたいことを一緒に聞きに行ってみるのも面白いと思います。

ちなみに、最終的に、児童期の子どもが自分で「ゴーイングアウト」を計画し、目的地までの行き方や交通手段や費用を調べたり、専門家に電話やメールで質問時間をもらうためのアポイントメントを取ったり

縄文時代に興味を持った子どもと遺跡を訪れました

するなど、一連の手続きを自分たちでこなせるようにすることです。

生きていく上での実質的なスキルをリアルに学ぶことは、「外」でなければできない経験です。

大人は、子どもが家の中の学びだけに満足せず、外へ出て行く力を育むサポートをしましょう。

帰ってきたら、お礼のメールや手紙を書いてみるのもオススメです。

「教具を買わなくてもできるアイデア」について

70ページのコラムでもお伝えしましたが、家を小さな学校にしてしまうのは避けたいところなので、家庭で高価なモンテッソーリ教具を揃える必要はありません。でも、「数」教育で紹介した掛け算や割り算を、子どもとやってみたいと思われる方もいらっしゃると思います。

そんなときはまず、ホワイドボード等を使って「コンセプトを体験」することもできます。少しのきっかけで「あ、そうか！」「わかった！」と数が楽しくなるかもしれません。

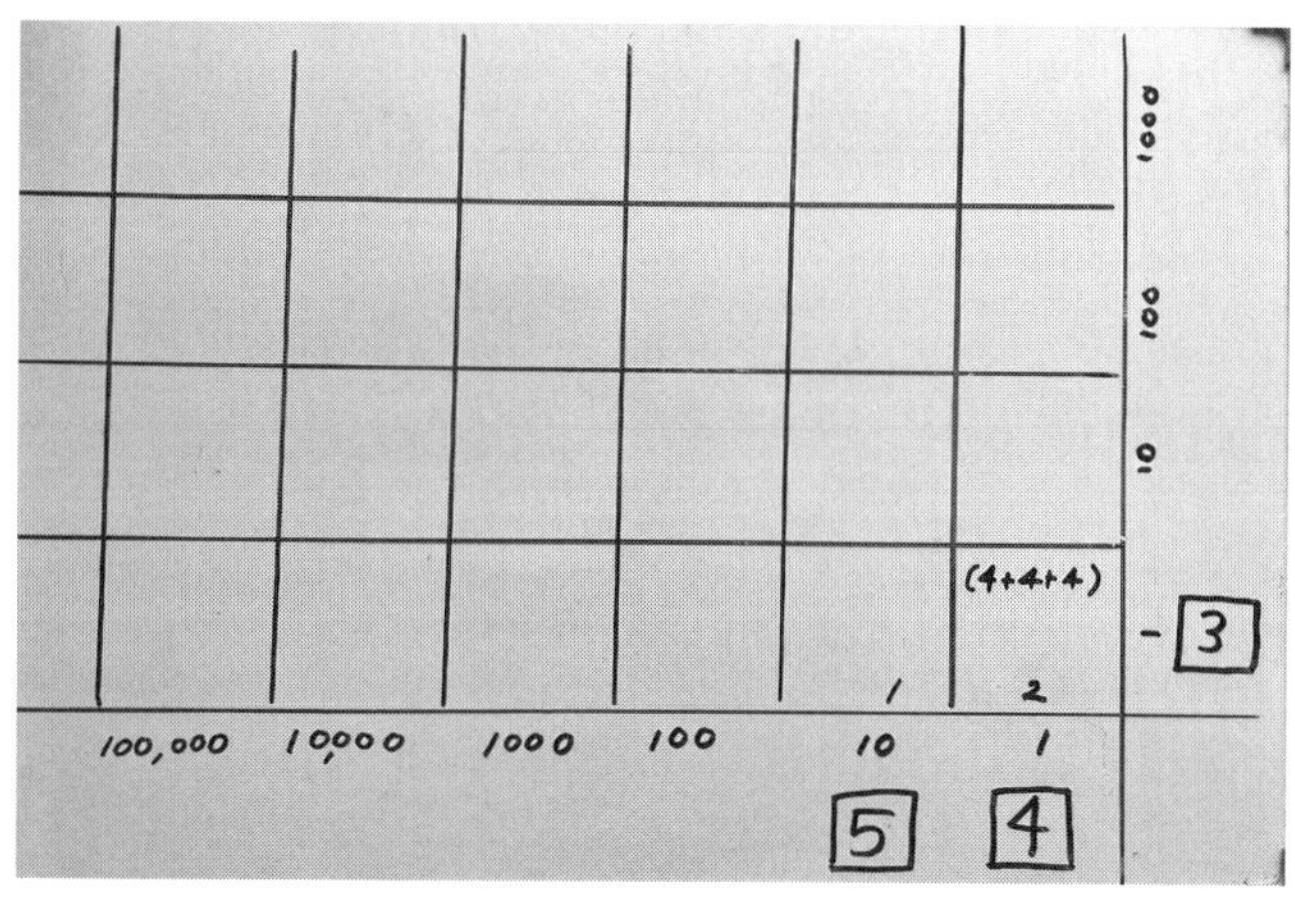

「チェッカーボード」の掛け算の筆算（157ページ）を
ホワイトボードに書いて、「54×3」を計算

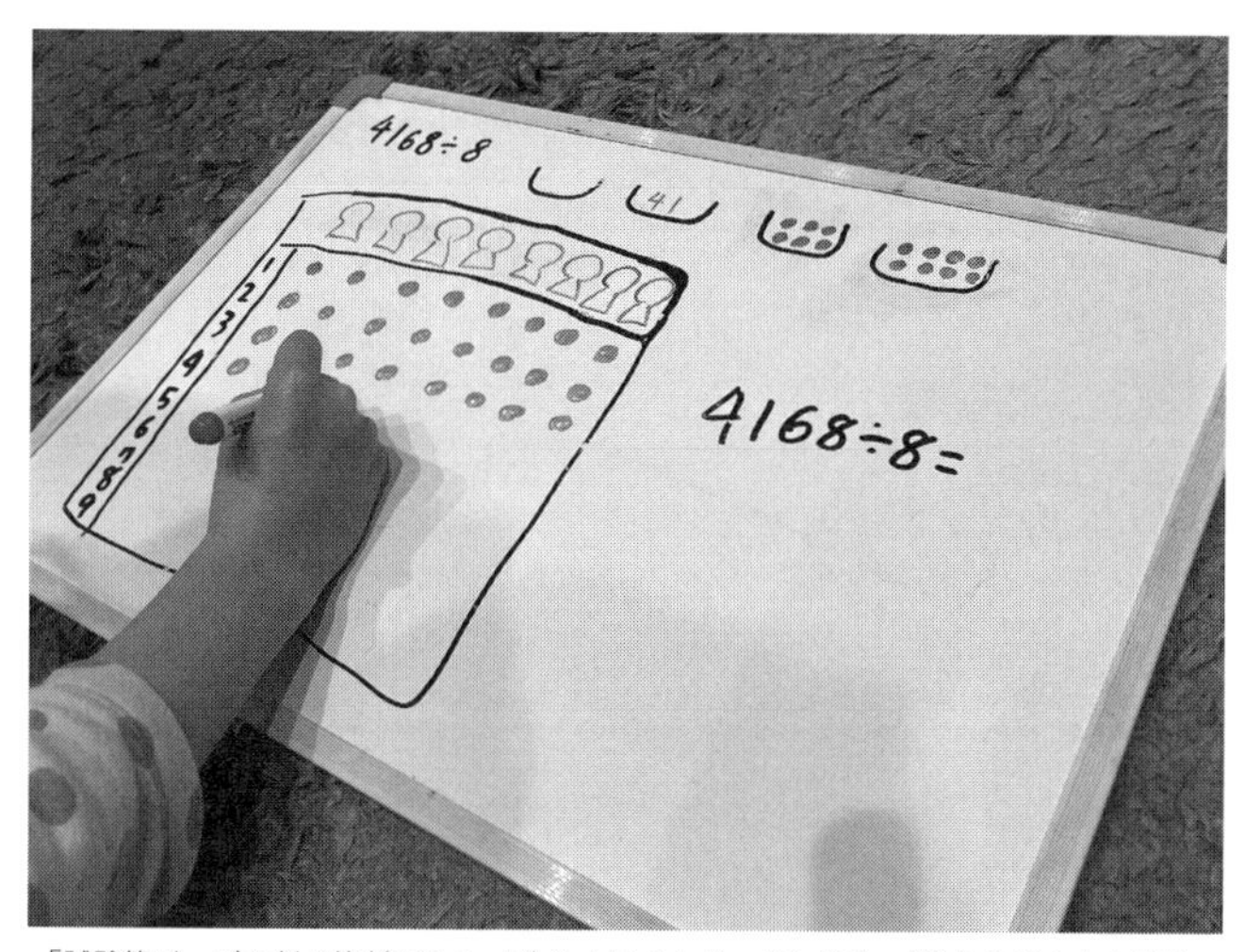

「試験管ビーズの割り算」（162ページ）をホワイトボードに書き、「数を分ける」を体験

◆「ストーリーテリング」について

モンテッソーリの小学校の先生が、よいストーリー（物語）テラーであるべきことは、既にお伝えしました。ママやパパもいろいろなことに興味を持ち、自分が「へぇ、そうだったんだ」「面白い！」と感じたことを、「なぜ？」「どうして？」を知りたい児童期のお子さんに、ワクワクしながら伝えられたら素敵です。

大人が子どもに話せることは、いくらでもあります。

宇宙の始まりのこと、初期の地球のこと、昔の人間の暮らしについて、古生物や恐竜のすごさ、ある生きものの一生、命がけで海を渡った人たちのこと、私たちが今使っているものをつくった人のこと……などなど。

物語をきっかけに、子どもが、宇宙の不思議や、自然の不思議、動植物や人間のすばらしさに関心を持てる話題を選べるとベストです。

可能なら、子どもが関心を持っていることに絡めて、こうした話をしてあげられるといいでしょう。子どもがサッカーが好きなら、「サッカーは最初、どんなスポーツだったか知ってる？」とか、「サッカーボールって、五角形と六角形でできてるって知ってた？

なんでこの2つの図形でできてるんだと思う？」など。好きなことなら、お子さんは興味を持って、ワクワクして調べてくれるかもしれません。お子さんが興味を持ってくれることが、何より大切なのです。

ただし、お子さんがすぐ興味を持たなくても、大人は気にしないことです。そこで無理やり調べさせたりすれば、子どもはやる気を失ってしまいます。大人は「ワクワクの種」をできるだけたくさん蒔いて、蒔いたことを忘れるくらいで、ちょうどいいのかもしれません。

そして、1年後、2年後……と忘れた頃にまた紹介してください。小学校6年間のうちに同じトピックに何度でも出会ってよいのです。一度やったら二度とやらないのではなく、同じことでも何度でも出会えるのがモンテッソーリの小学校教育のすばらしいところのひとつなのです。

「ヒーローの選び方」について

物語を語る際は、過去の偉人や今を生きる専門家など、実在の人物について語るのもオススメです。

なぜなら、児童期の子どもは「ヒーロー崇拝」をしやすい傾向があるからです。自分にできないことができる人にあこがれて、自分もそうなるためにはどうしたらいいかと真剣に考えられるのが、児童期の子どもです。

かつて、モンテッソーリ小学校には、海洋生物学者のシルヴィア・アールにあこがれて熱心に研究する子どもや、画家のフリーダ・カーロに夢中になって彼女の作品や生涯を熱心に調べている子どもがいました。また、自分が受けている教育の創始者であるマリア・モンテッソーリにあこがれて、「こんなすばらしい教育法をつくってくれて、ありがとう！」と手紙を書く子もいました。

実在の人物にあこがれて、そうした人物の生き方を学ぶことで、子どもは現実の社会を生き抜く力をメキメキとつけていきます。

残念ながら日本の場合、動画やゲームといった商業サービスの影響を強く受けて、実在の人物の偉業よりも、そういう刺激に夢中になっている子どもが多いのが実情です。そこから学べることもあるとは思いますが、地球や宇宙の歴史を学び、自分の人生の師となるヒーローを求める時期の子どもが、そうしたものばかりに触れていることが、後々どんな影響をもたらすか、大人は真剣に考える必要があります。

小学生のお子さんを持つ親御さんは、できるだけ、生きる力や魅力に溢れた実在の人物の物語を、たくさん紹介してください。そして、パパとママのお仕事についても話してあげるとよいと思います。

「こんなにすごい研究ができるのは、どんな人なんだろう?」「こんなにすごい都市を作ったのは?」「こんなに魅力的な絵を描いたのは?」「こんなにすごいサービスを作ったのは誰なんだろう?」。偉大な人物に対して抱く、このような疑問が、子どもが社会で生き抜く力を育みます。

「スクリーンタイム」について

お子さんがゲームや動画、スマホに夢中になる「スクリーンタイム」。

これは、できるだけ少ないことが望ましいと思います。

なぜなら、児童期の子どもたちも、まず感覚器官を使って現実をしっかり見つめてほしいからです。動画の中で一方的に話す人よりも、あなたのために今目の前にいる人間の話にしっかり耳を傾けて、感じる心を失わないでほしいのです。

自分が生きている宇宙のこと、地球のこと、自然のこと、さまざまな生物や、我々人間の歴史。生きるための基本となる現実に、いかに興味を持てるかで、子どもが感じ取り、さまざまなことに感謝し、現実を生き抜く力は変わってきます。

特に、「なぜ?」「どうして?」を強く求める児童期の子どもは、一度興味を持てば、夢中になってそれを学びたがります。そんな時期だからこそ、中毒性のあるゲームや動画に夢中になって、それしか考えられなくなるのは、すごくもったいないと思うのです。

また、動画で多くを学びすぎると、ゴーイングアウトなど、実際に外に出て社会で体験するワクワクも薄れてしまうかもしれません。

どこでも手軽に楽しむことができるスクリーンのエンターテインメントに比べ、モンテッソーリ小学校で学ぶことは、ときに面倒くさいかもしれません。実験などの活動は、ポイントが面白くまとめられた動画のようにただ見ているだけで楽しめるものではありませんし、物語を聞くには、大人の声だけに耳をじっと澄ませる力や、見えない部分をイメージで補う想像力が必要になります。さらに、チャートやタイムラインの絵をじっくりとよく見る目、教具を操作して考える手や頭も必要になります。

でも、だからこそ、頭も身体も心も鍛えられます。スクリーンタイムは、これらを鍛える時間を大幅に奪うと思うのです。小学生になっても、外の音に耳を澄まし、自然を見て美しいと感じる心を忘れないようにサポートしてあげてください。


今の時代、ゲームや動画を全面的に禁止するのはなかなか難しいと思いますが、閲覧制限を設けることは、とても大事だと思います。ルールを子どもと一緒に決めてもよいと思います。

また、その分、親御さんと一緒に興味があるものについて話し合ったり、ゆっくりと手を動かす時間をつくったりすることができれば素敵ですね！

おわりに

「主体的に学び」「自立した」「地球と世界を愛する、自由な発想力を持つ子どもを育てる」。これが、モンテッソーリの小学校教育が目指すところです。

そのために、私たち大人がすべきことは、一人ひとりの子どもの興味を大切にして、興味をとことん追求できるように助けること。本書では、そのヒントをお伝えしてきたつもりですが、いかがでしたでしょうか？

今、こうした「一人ひとりの個性や興味に合わせて導く」教育が、日本でも強く求められているような気がしてなりません。なぜなら、学年ごとに一斉に勉強する従来の学び方が、一部の子どもたちに合わなくなってきている、と感じるからです。

文部科学省の調査によれば、令和3年度の不登校児は、小中学生を合わせて24万4940人。過去最多と言われています。不登校の原因はさまざまですが、学年ごとに一斉に学ぶやり方が、合わなくなってきていることも一因ではないでしょうか。また、今の日本では、不登校などで一度コースから外れると、戻るのがまだまだ難しいと思います。

こうした現状を見るにつけ、私が感じるのは「小学校以降も、もっと教育の選択肢が必要」ということです。大人の世界では、性別、人種、国籍、年齢、性的指向、障害の有無などで差別しない多様性ある社会の構築が進められていますが、子どもの世界では定められたルートを進んでいくことをいまだに求められがちで、個々の違いへの理解や、教育の選択肢が不十分です。

教育の自由化や多様化が叫ばれるなか、児童期以降のモンテッソーリ教育は、日本にもっと広めていきたい教育法のひとつであると、私は確信しています。

日本の教育制度の壁で、まだ実現には至りませんが、私はいずれ日本にもモンテッソーリ教育の小学校を増やして、日本の子どもの教育の選択肢を増やしたいと思っています。私が始めた「モンテッソーリ・ファーム」は、そうした活動の第一歩です。これからも、日本の子どもたちの教育のために、さまざまな活動を行っていくつもりですので、よろしければ、サイトなどで、活動を見守っていただけるとうれしいです。

最後にこの本を出すにあたり、フリー編集者の杉本尚子さん、河出書房新社の東條律子さん、デザイナーの大野リサさんに、これまで私が出版した3作に引き続き素晴らしいチームとして大きなご尽力をいただきました。また、マンガ家の蛸山めがねさんは、難解なグレートストーリーを見事なマンガにしてくださいました。そして、友人のエレメンタリーガイドの白川慶さん、ブログ「モンテッソーリな時間」(https://ameblo.jp/montessoritime/) を書いているYuzyママさんにもたくさんのサポートをいただきました。さらに、いつも私のことを支え応援してくれるモンテッソーリ・ファームのみなさんや、エレメンタリーガイドの仲間たち、応援してくださった全ての方に、心から感謝いたします。

日本の子どもたちが、小学生になってもモンテッソーリ教育を通じて、自由に、自分らしく輝けますように!

あべようこ

あべようこ

モンテッソーリ・ファーム代表。0-12歳のモンテッソーリ教師。

上智大学文学部教育学科卒。国際モンテッソーリ協会(AMI)公認(0-3歳)(6-12歳)国際教師資格取得、日本モンテッソーリ協会(JAM)公認(3-6歳)教師資格取得。モンテッソーリ教育を広めるため、モンテッソーリ教育のポータルサイト「イデー・モンテッソーリ」の運営や、マンガや音声で伝える活動を行っている。日本に児童期以降のモンテッソーリ教育が受けられる場所をつくるため、2022年に世田谷区に「モンテッソーリ・ファーム」をオープン。モンテッソーリ小学校開校準備も進めている。

●Instagram:ID　@amontessorimanga
●モンテッソーリ・ファーム　https://montessori-farm.com/
●イデー・モンテッソーリ　https://www.ideesmontessori.com/

マンガ・イラスト●蛸山めがね
装丁・本文デザイン●大野リサ
編集●杉本尚子

学ぶのが好きになる！
小学生のためのモンテッソーリ教育

2023年11月20日　初版印刷
2023年11月30日　初版発行

著者　あべようこ
発行者　小野寺優
発行所　株式会社河出書房新社
〒151-0051
東京都渋谷区千駄ヶ谷2-32-2
電話03-3404-1201（営業）
03-3404-8611（編集）
https://www.kawade.co.jp/

印刷・製本　三松堂株式会社

Printed in Japan
ISBN978-4-309-29348-6

河出書房新社・あべようこの本

好評既刊

マンガ モンテッソーリの幼児教育

ママ、ひとりでするのを手伝ってね！

相良敦子●原作　**あべようこ**●マンガ

人気のモンテッソーリ教育は、「自分でやりたい！」という子どもの願いを叶え、それぞれの成長にあわせ個性を伸ばす教育法。本書は同教育の第一人者・相良敦子による名著をあべようこがマンガ化。子育てのヒントが満載の、分かりやすくて楽しいストーリーマンガです。

未来の才能をのばす

0歳と1歳のモンテッソーリ子育て

あべようこ●著

子どもの脳と体が驚異的に発達する誕生から2歳までは、人としての土台をつくるとても重要な時期。この時期にパパ、ママがどう赤ちゃんと接したらいいか、モンテッソーリ子育ての具体的な見方・たすけ方をマンガとイラストをふんだんに入れて紹介します。

マンガ モンテッソーリでわかる

イヤイヤ期の子どものたすけ方

あべようこ●著

0歳から3歳のイヤイヤ期こそ、子どもが大きく伸びるチャンス！　子育てのお悩み相談が多い「イヤイヤ期」に焦点をあて、モンテッソーリの教えをヒントに、この時期の子どもの見方・たすけ方を、わかりやすく楽しいマンガで、具体的に紹介。子育てが楽になる本！